道貫古今——孔子禮樂觀所蘊含之教育思想

以記錄孔子話語的《論語》爲基礎，
深究其禮樂觀所涵蘊的教育思想，
並廣納《孟子》、《荀子》、《禮記》等書，
闡述禮樂思想的讜論，
兼容並蓄、綜合歸納、比較分析，
企盼能開拓宏觀的視野，
以發皇儒家的教育思想，
作爲重振人文教育的典範。

謝淑熙◎著

「道貫古今」：永不止歇的孔門歌唱

林安梧（台灣師範大學國文學系教授）

「道貫古今」，「道」是總體的根源，「貫」是綿延不息，「古」為「今」之源，「今」為「古」之流。淑熙的《道貫古今─孔子禮樂觀所蘊涵之教育思想》要出版了，這是一個教育者、研究者苦心之作，是一個孔門之教的真實作品。

「能知古始，是為道紀」，「通古今之變」才能「究天人之際」，能如此才能「成一家之言」。這樣的「連續性」（continuity），成就了「同一性」(identity)，當然連續之所以連續是因為「人」的參與，「人」是具有「主體能動性」的身分，因此參與之而使得這世界成為世界，這生活成為生活，人之「參贊天地之化育」而成就為一人文化成的世界，成就為一通天接地的存在，所謂「三才者，天地人」正指此而言。

孔子不只是中國民族的聖人，而是全世界的聖人，聖人之所以為聖人，是人們推極而盡的稱呼，是進一步將孔老夫子道德理想化後的稱呼。就孔子本人來說，那是「若聖與仁，則吾豈敢」，他只是「為之不厭，誨人不倦而已」。這「為之不厭」的剛健自強，這「誨人不倦」的厚德載物，就此就是

「仁」且「智」，就此生命有著真實的情感，真實的愛；有著真實的判斷，有著真實的照亮，就這樣「夫子既聖矣！」

夫子點燃了自家的生命，從而使得我們也學會了如何點燃自家的生命，就這樣「學而時習之，不亦悅乎！」，「學」是效法學習，「學」是覺醒體悟，經由文化教養而回溯到生命的源頭，如其自如的彰顯其自己，這是道體彰顯的喜悅，是自覺、自然，而且是自在的。就這樣「有朋自遠方來，不亦樂乎！」，志同道合，心有定主，往一道德理想邁進，生命與生命真實的交會，這是至樂，至美、而且是至善的。生命就此那裏須要外在的認定，那根本是內在的確立，何事於人呢！夫子說「人不知而不慍，不亦君子乎」，輕輕說來，卻是千古鏗音。

「教育」是「生長」，「禮樂」正是生長所不可或缺的，自古以來，頌詩、行禮、奏樂，這是一體的，生命之為生命總在「興於詩」中起了「志」，向了「道」，就在「立於禮」中，確立了規矩方圓，尋得了生命的確定性；進一步，有著確定，知道了限制，正因為知道了限制，更而開啟了邁向「無限」的可能，知道了「命限」，更而「知天命」，「知天命造化之無窮無盡」。因此，人在這當下，放寬了、放大了、消解了、融化了，能「知天命」，進而能「耳順」，就這樣「默識心通」，了無罣礙，終而能「唯聖人為能踐其形」，就這樣體現了天德之流行，「粹然現於面、盎於背，施於四體，不言而喻」，如此「成於樂」。

教育就在生長中，從執著的小我，成長為一無執著的大我，由小宇宙通到大宇宙，「禮者，與天地同節」，「樂者，與天地同和」，有著分寸節度，有著和合同一，生命是生命，是如實而生長的生命，是通天接地的生命，是天地人三才和合同一的生命，是人能弘道，而道生之，彼此相與的生命。「道」並不遠，就在「今」，「今」雖剎那，但卻「貫」乎「古」；人雖有限，但不自限隔，終見得無限。「子在川上，曰：逝者如斯夫，不舍晝夜」，「滾滾長江東逝水，浪花淘盡英雄」，留下的是赤壁周郎，是臥龍鳳雛，文化教養就這樣「薪盡而火傳」，不可已也！

淑熙從學於我，見彼淑善，知彼熙誠，力行不輟，自強不息，譔為斯文，勉之，賀之！

乙酉之春，孔子紀元二五五六年（西元二〇〇五年）三月廿一日林安梧謹序於元亨居

寶樹文華詮道韞，儒家禮樂闡仁心

賴貴三　國立臺灣師範大學國文學系教授

國立中壢家商謝淑熙老師「學，然後知不足；教，然後知困」，就讀本系國文教學碩士班期間，嘗從學於「群經大義」課程，對於群經要旨義理，窮搜遠求，頗能博學審問，慎思明辨，兼以勤習篤行，取資觀善，因此表現傑出，成績斐然；又同為客家子弟，鄉音濃郁，自然親切，因此印象最為深刻，師生感情也極為融洽。其後，在本系新儒家哲學健將──林安梧教授指導之下，名師出高徒，強將無弱兵，終以碩士論文《道貫古今──孔子禮樂觀所蘊涵之教育思想》獲得本校文學碩士學位，實至名歸。今修訂蕆事，付梓刊行，欣賀學成，故樂為之序。

書題「道貫古今」，「古今」以「時」言，故孟子稱頌孔子為「聖之時者」，而《周易・文言傳・乾九五》詮解「飛龍在天，利見大人」之「大人」曰：「夫大人者，與天地合其德，與日月合其明，與四時合其序，與鬼神合其吉凶。先天而天弗違，後天而奉天時；天且弗違，而況於人乎！況於鬼神乎！」《中庸》亦云：「仲尼祖述堯舜，憲章文武，上律天時，下襲水土。辟如天地之無不持載，無不覆幬；辟如四時之錯行，日月之代明。」大人之德，與天道相契，而孔聖時成，人文化育，時之義大矣哉！又「道」屬天，為創造生生本體──「天何言哉？四時行焉，百物生焉，天何言哉！」「貫」

者其人，實為徹底融攝功夫，「吾道一以貫之」，「忠恕而已矣」，故通合天人，上達下貫，體用兩全，可謂一如。

「德侔天地」，「天地」以「位」言，故「有德者，必有其位」，「致中和，天地位焉，萬物育焉」，位之義至矣哉！「德」者「得」之極致也，宇宙時成位育，天生人成，「生而不有，長而弗宰，功成而弗居，此之謂玄德。」故「侔」者，天人同，道德一，境界高遠而清夐。淑熙以「道貫古今」一名而統包二義，孔聖大成之始終條理，知過半矣！《論語‧述而》篇，子曰：「志於道，據於德，依於仁，游於藝。」天道人德，體仁用藝，上下內外，「統之有宗，會之有元」，可以宗矣！昔鄭成功有詩云：「禮樂衣冠第，詩書（文章）孔孟家；南山開壽域，東海釀流霞。」詩書之文，禮樂之教，道存經訓；而孔仁孟義，以學為先，以心為本，故《尚書‧大禹謨》云：「道心惟微，人心惟危；惟精惟一，允執厥中。」此十六字宋儒理學心傳，莫不大成於夫子，折衷於六藝。淑熙以「孔子禮樂觀所蘊涵之教育思想」，提要鉤玄，辨章考鏡，既闡發「小學」六藝「禮樂」仁學之教育目標；復彰顯「大學」六經「禮樂」仁道之教育理想，「體用一源，顯微無間」，清明條達之功，絜靜精微之教，和合統別之義，其旨歸悉於是乎見。

再者，承序題而衍敘，筆者來臺開基祖來自粵東五華（古長樂縣），家慈謝氏先祖則徙自梅縣（古嘉應州），與淑熙本家，同源共脈，故師友之誼，鄉族之情，似有因緣。又嘗考謝姓堂號淵源，祖地郡望為「陳留」與「會稽」，「陳留」乃謝姓最早發祥地，即今河南省陳留縣；「會稽」則是東晉時期謝姓之根據地，原為秦朝郡名，包括江蘇東部與浙江西部。而謝姓兩個極負盛名之堂號為「東山」與「寶樹」，「東山」位於浙江上虞縣之西南，為晉室謝安未出任征討大都督前隱居所在地，山上尚有遺蹟；另在浙江臨安之西，及江蘇江寧之北，各有一座東山，當謝安征討北胡建功後，曾在江寧之東山修建別邸，迄今江寧東山山頂仍有一寺廟古蹟，寺中祀奉為謝安遺像，故名「東山堂」以紀之。至於「寶樹堂」之來由，則是相傳東晉孝武帝駕臨謝安官邸，見其庭園中有一株雄偉大樹，青翠茂盛，遂手指大樹對謝安言道：「此乃謝家之寶樹。」另有一說，出自《晉書・謝玄傳》：「與從兄朗俱為叔父安所器重，安嘗戒約子侄，因曰：『子弟亦何豫人事，而正欲使其佳？』玄曰：『譬如芝蘭玉樹，欲使其生於庭階耳。』」故唐代王勃撰〈滕王閣序〉，乃有「非謝家之寶樹」句。而謝姓播遷福建、廣東，係先世隨王審知入福建；又說係謝安之後，因黃巢之亂，避居福建寧化，而後散枝開葉，遷墾臺灣，胤嗣緜延，薪火相傳。

序聯「道韞」，一語雙關，既以詮「道之所韞（蘊）」，亦指涉東晉才女詩人謝道韞，而淑熙庶幾可以紹繼焉。按：謝道韞（約376年前後在世），陳郡陽夏（今河南太康縣）人，謝安之侄女，安西將軍謝奕之女，王羲之之子王凝之之妻。西元399年，王凝之為孫恩起義軍所殺，遂寡居會稽。道韞識知精明，聰慧能辯，叔父謝安曾問她：「《毛詩》何句最佳？」答曰：「吉甫作頌，穆如清風。仲山甫永懷，以慰其心。」謝安稱讚她有「雅人深致」。又《世說新語》記載，一次謝安召集兒女子侄講論文義，俄而大雪驟下，問道：「白雪紛紛何所似？」侄謝朗答：「撒鹽空中差可擬。」道韞說：

「未若柳絮因風起。」安大悅。這一詠雪名句，至今傳誦。道韞今存散文〈論語贊〉一篇與〈泰山吟〉（一作〈登山〉，借登山之所見聞，表達作者歸隱之意）、〈嵇中散詠松詩〉（借歌詠松樹以抒發人生無常的感慨）二首。而今，淑熙於學術研究與教學撰述俱有成就，上承謝家寶樹祖風，仰紹道韞文華秀氣，卓然樹立，故聯嵌為題，用茲相勉；並期發揚祖德，光大宗風，有為有守，無愧無怍！是為序。時維陽春三月（2005.4.16 子時），謹序於屯仁學易咫進齋，欲觀天地生物氣象。

自序

橫貫古今，跨越西東，學習的天空，是無限的寬廣，兩千年前，孔子以有教無類、誨人不倦的精神，引領莘莘學子開啟學習的門扉，進入知識的堂奧，化育三千學子，成就七十二高徒，更樹立了以儒家思想為主流的中華文化。教育是百年樹人的興國大計，也是民族精神文化的標竿，負有綿延發皇文化傳統與推動國家進步的神聖使命。我們中國自孔子以來的 歷代先哲，都重視「以人為本」的教育思想。所謂「人文教育」就是一種生活態度、人生觀及人格修養的教育；目的在陶鑄人文精神，培育人文素養。展閱歷史的長卷，可知中國數千年的教育思想實以儒家的倫理道德思想為主流。美國哲學家愛默生（Ralph Waldo Emerson）說：「孔子不但是中華文化的中心，亦為世界民族的光榮，孔子的倫理道德和社會觀念，實為世界大同的象徵。」這的確是深中肯綮的言論。

近年來由於社會價值多元化，教師的地位日益低落，雖然傳道、授業、解惑的責任不變，但各級學校班級學生人數眾多，師生感情不易深入。益之以升學主義仍然主導教育風氣，教師採高壓式、權威式的管理，往往忽視個別輔導的重要性，因而傷害到青少年的自尊，造成師生感情的破裂。殊不知尊師與重道是一體兩面，一個不尊重老師的學生，當然他也不會認真去吸取老師所傳授的知識。身為教師若無孔子傳道的使命感，只是把學校當作知識技術的訓練場，如此，不但扭曲了校園倫理的品質，也勢必造成社會問題，因此每位教師必須為校園倫理的重整，肩負起全部的責任，為師生的和諧關係，搭起可以溝通的橋樑。

至聖先師孔子（BC 551—BC 479）祖述堯舜，憲章文武，早年有志於世，知其不可而為之，擔負起復興宗周禮樂制度之道德使命、文化使命，成為傳承中國儒家學術思想之一大宗師。晚年返回魯國杏壇講學，廣授門人士子，以「興於詩，立於禮，成於樂」的教育宗旨，實行「有教無類」的教育方針，化育三千弟子躬行踐履，來開發生命的源頭活水「仁」道。《史記．孔子世家》太史公說：「《詩》有之：『高山仰止，景行行止，雖不能至，然心嚮往之。』余讀孔氏書，想見其為人，適魯，觀仲尼廟堂，車服禮器，諸生以時習禮其家，余祇回留之不能去云。天下君主，至於賢人，眾矣。當時則榮，沒則已焉。孔子布衣傳十餘世，學者宗之。自天子王侯，中國言六藝者，折中於夫子，可謂至聖矣。」的確，孔子的學術思想、教育理念與道德言行，已為中華文化樹立永恆的指標。因此本書以記錄孔子話語的《論語》為寫作論文的基礎，深究其禮樂觀所涵蘊的教育思想，並廣納《孟子》、《荀子》、《禮記》等書，闡述禮樂思想的讜論，兼容並蓄，綜合歸納，比較分析，企盼能開拓宏觀的視野，以發皇儒家的教育思想，作為重振人文教育的典範。

本書共分十章，旨在豁顯孔子禮樂教育思想的特質，並以「孔子禮樂觀所蘊涵教育思想」一詞含括之。

第一章緒論，首先闡明我國儒家傳統的禮樂教化，蘊涵著人與人間之責任及義務。以目前高級中學所列的《中國文化基本教材》為例，四書為其主要內容，涵蓋孔孟思想的精髓，希望藉著孔子禮樂觀所涵蘊的教育思想，來落實人文教育，以重建校園倫理。其次本文所闡述的儒家思想以《論語》一書為基礎，並廣納《孟子》、《荀子》及《禮記》一書中深化禮樂思想的論述，加以比較分析，兼旁及新儒學代表牟宗三、唐君毅、徐復觀、蔡仁厚、曾昭旭、林師安梧等學者的作品，綜合歸納兼容並蓄以裨補闕漏，來建構孔子禮樂觀所蘊含的教育思想。

第二章論述論孔子禮樂觀產生之時代背景，首先是因為春秋亂世，內憂外患使得國家分崩離析；其次，是因為周室衰微，天下大亂，導致天下禮崩樂壞；再者，是為社會人文精神式微，辟世隱居之風盛行。孔子祖述堯舜，憲章文武，早年有志於世，知其不可而為之，以宗周禮樂制度的捍衛者自居，因而力挽狂瀾，擔負起維護禮樂制度的神聖使命。

第三章探討孔子之人格世界，孔子上承堯舜、禹、湯、文武、周公之教，下開百世之學。孔子是仁智雙彰圓融透顯之典範、內聖外王天人合德之表徵、傳承禮樂道揆法守之圭臬，成為萬世之師表，所以能夠集三聖之大成。

第四章闡述孔子禮樂思想的規模，以及提供給我們人生哲學的啟示，一是陶冶心性以豁顯美善之人格；二是體現倫常以提昇道德意識；三是推衍政教以落實禮樂教化。

第五章論述孔子禮樂思想之源流；首先說明禮之本質是仁道；禮之根源意識有三：（一）由敬天法祖衍生宗教意識；（二）由戒慎恐懼凝成憂患意識；（三）由克己復禮體現道德意識；（四）由因革損益豁顯文化意識。其次說明音樂之本質是中和；音樂之根源意識也有三點：（一）個體生命原創之根源；（二）道德性體之實踐；（三）萬物和諧之體現。

第六章闡述孔子孔子禮樂思想深化人性之啟示，以下列三點概括之：第一從良知的自覺彰顯中和美善的人格修養；第二由愛人的實感培育恭儉端莊的君子風範；第三從人我的感通建構仁民愛物的社會風氣。

第七章論述孔子禮樂教育思想之特質：在個人道德方面：一在經典的生活世界裡契入知識的融通、二在生命的源頭活水中培養美善的人格；在社會倫理方面：一在生命的點燃與照亮中傳承固有的文化、二在倫常日用生息之所涵養孝悌倫理道德。在政治教化方面：一在政治之推展中建構仁民愛物的風氣、二在教育之陶鑄裡豁顯仁義道德的教化。

第八章闡述孔子禮樂思想的時代意義有三個面向，一是儒家人文精神的自覺；二是儒家經典語言的詮釋；三是禮樂文化的再創。

第九章論述孔子禮樂思想的時代意義有三點特質：第一是人文關懷的落實；第二是公民教育的提昇；第三是美感教育的陶冶。

第十章「結論」，旨在對孔子禮樂教育思想作一回顧，並關連著本書的論點，指出在科技文明發達的知識經濟時代，功利之風猖獗，社會價值體系低俗，使得倫理道德日益式微，傳統的校園倫理面臨嚴重的挑戰。因此，落實孔子禮樂教育思想，以提昇全民的人文素養，乃是廿一世紀學校教育最重要的課題。「附錄」可作為筆者研究孔子禮樂思想的根源所在，與全書有密切關係，故置於卷末，以為附。

謝淑熙九十四年三月十七日

感謝詞

個人之拙著能付梓成書，首先應該感恩的是在生命成長過程中，父母苦心之栽培與用心之呵護，使我能茁壯成長，並鼓勵我繼承衣缽，以作育英才為樂；其次應該感謝的是外子的包容與分擔，使我在身兼母職、教職外，仍有餘力重拾書本，扮演學生之角色，並在創作學術論文上，助我蒐集相關資料及繕打文稿。更應該感謝的是在涓涓不塞的學術洪流中，引領我開啟中西哲學堂奧之恩師-林安梧老師，在恩師之諄諄教誨下，讓我能以宏觀之視野來鑽研中國哲學「宗廟之美，百官之富」；在浩翰的學術論文創作上，恩師之教誨與鼓勵為我指點迷津，減少迂迴摸索之困境，在一峰突起眾峰環中，尋幽探勝，採擷珠玉，讓我獲益良多，寸衷實感曷無既。

拙著能夠如期完稿，應該感謝的人實在太多，包括提攜我的中華民國商業教育學會秘書長江文雄教授、中壢家商兩位校長—廖萬連校長、邱茂城校長，與中壢家商共事的同仁，您們的鼓勵，猶如我精神的支柱，使我愈挫愈勇。更感謝師大國文研究所賴貴三教授、莊耀郎教授、曾昭旭教授的指正，師大國文研究所惠美學姊與彥儀學弟的切磋，以及憶祺學妹與婉芬學妹的鼓勵，因為有你們的熱心參與，使拙著能夠順利完成。

在個人生命之長河中，提攜我、教誨我、鼓勵我、指引我之良師益友細數不盡，儼然是我生命中之貴人，銘感五中，非筆墨能夠道盡於萬一。而今更應感謝桃園縣文藝作家協會楊珍華理事長之牽引及秀威資訊科技公司之贊助，使筆者能夠一圓出書夢，並將此書獻給我親愛的父母、恩師、家人及摯友。

謝淑熙九十四年三月十七日

目次

第一章　緒論

第一節　研究動機與目的

我國的學術文化實以儒家思想為主流，中華民族憑藉著這種精神力量的維繫，使我們的民族得以繁衍，文化得以延續，更支配了中國二千多年的學術思想界。近代大儒牟宗三先生說：「知性盡性，開價值之源，樹立價值之主體，莫若儒，此即是中國儒家學術之特色，足以善化一切消融一切之學也，故為人間之大本。」[一]「孔孟學說是儒家思想的主流，致廣大而盡精微，極高明而道中庸，放之則彌六合，卷之則退藏於密。悠遊涵泳於孔孟博大精深的經典，一則足以成為我們日常生活之典範，提昇人生之境界，淨化人們之心靈；一則足以創造文化生命，成為歷代聖王治理國家之圭臬。

斯賓格勒（Oswald Spenler）說：「中國文化有一種特殊空氣，即側重人與人間之責任及義務是也。中國人今猶漚浸于此空氣之中。此種理想原為一切文化之基礎，惟在中國，此種理想，有變態之強力。以是中國文明雖腐壞，而中國人依然保持其極高之地位。」[二]這的確是中肯之言。我國儒家傳統的禮

[一] 牟宗三先生《生命的學問》三〈從西方哲學進至儒家學術──王陽明致良知教引言〉（臺北：三民書局，五九年九月），頁三〇。

[二] 張蔭麟《西方文化論衡》（臺北：中華文化出版，四三年），頁七〇。

樂教化，即是蘊涵著人與人間之責任及義務。以目前高級中學所列的中國文化基本教材為例，四書為其主要內容，涵蓋孔孟思想的精髓，希望藉著孔子的「求仁」，孟子的「取義」，來教導學生「修己善群，居仁由義」以行忠恕之道，進而成為「己立立人，己達達人」、「見利思義，博施濟眾」，「當仁不讓，成仁取義」的君子。易言之也就是成為一個負責守紀，知書達禮，且足以表現中華民族道德文化的中國人。

中華民族五千多年的悠久歷史，源遠而流長，載浮著古聖先賢的智慧結晶，孕育了亮麗璀燦的中華文化；中華文化的巨流，幾經改朝換代，卻是歷浩劫而彌新。這一力挽狂瀾的力量，端賴「為天地立心，為生民立命，為往聖繼絕學，為萬世開太平」的教育工作者，經由締造、積累、傳承的工夫，點燃民族的生命與照亮中華文化。本書即從傳統的儒家思維，來探究孔子禮樂觀所蘊涵的教育思想。因此寫作本書的目的，期盼在資訊科技文明發達，而人文關懷低落，校園倫理日漸式微之際，身為國文教師的我們，的確應該有「兩肩負重任，心懷千萬年」的使命感，並且以教育家劉真的名言：「樹立師道的尊嚴，發揚孔子樂道的精神」來自勉，使孔子禮樂觀所蘊涵的教育思想，落實在人文教育中。

第二節　研究之範圍與方法

本書所闡述的儒家思想以《論語》原典為基礎，並廣納《孟子》、《荀子》及《禮記》等典籍中，深化禮樂思想的論述，加以詮釋分析，兼旁及新儒學代表牟宗三先生、唐君毅、徐復觀、蔡仁厚、曾昭旭、林安梧先生等學者的作品，綜合歸納兼容並蓄，以進行考察與爬梳，來建構孔子禮樂觀所蘊含的教育思想。學術的推進，是文化生命的充實和開顯，當前我國的學校教育，偏重智育的灌輸，而忽略德育的陶冶，使得校園倫理受到嚴重的挑戰與考驗，文化的理想也日漸沉淪，人們的心靈受到科技文明的「宰制」（domination）與「異化」（alienation）[三]。殊不知在校園裏，有生命與生命的照面，有心靈與心靈的感通。因此本書企盼在資訊科技發達的知識經濟時代裡，能以宏觀的視野，發皇儒家學術思想，作為今後推展人文教育的指針。

三　林安梧先生《中國宗教與意義治療》第三章〈象山心學義理規模下的「本體詮釋學」〉：「宰制」（domination）及異化（alienation）是晚近社會哲學最常出現的兩個概念。大體而言，異化指的是 not at home（亡其宅）此多由宰制所引起。宰制指的是為一客體物所控，而此所控之客體物是外在於人的，它生出一強大的勢力（force）而使人屈服於其下。社會哲學之省察所以會有這些問題，大體是將人視為一個 social being 來處理。但「生活化的儒學」由於通過一種「生活的工夫」（工夫即是生活，生活即是工夫；即此工夫便見了本體）而涵化了天地萬物，故無所謂的宰制與異化。社會學家將人視為 social being，而採取一外在的，制度的解決；而儒學則認為人乃是一個 moral being（或者說是一 creative being），由於人的 moral creation（參贊化育），此是一主體、內在的解決。」（台北：明文書局，二〇〇一年七月），頁五九。

第三節　前輩學人研究成果之探索

沉潛在中國語文的教學天地裡，有歷史的縱深、有情感的浩瀚，孔子的求仁、孟子的取義，世代相傳，與日月同光。藉由古聖先賢的智慧結晶，引領學生開啟中國文學的堂奧，給他們倫理道德的涵養，引導他們認識儒家思想的精隨，重新塑造傳統文化的價值觀。爬梳《論語》有關禮樂方面的思想，尤其在孔子談到「人而不仁，如禮何？人而不仁，如樂何？」之話語時，瞭解到孔子想要透過禮樂教育，來彰顯宇宙總體的根源仁道，並且要運用到人間世的日用倫常之間，聖人的用心良苦，令我感動，更鞭策自己，要深入探討孔子禮樂觀所蘊涵教育思想的信心。

受業於林師安梧的門下，拜讀老師所著的《論語—走向生活世界的儒學》一書，序中所述《論語》是智慧的源頭活水，可以洗滌人的身心靈魂，滋養個人的筋骨體魄，令我心有戚戚焉。書中深入詳實的敘述孔子的禮樂思想，對個人在《論語》的教學上及寫作碩士論文，裨益良多。而《教育哲學講論》及《臺灣文化治療—通識教育現象學引論》等書，對當前中小學教育目標的哲學思考，及對臺灣目前通識教育的現象學考察又有精闢的分析與探討。其中剖析通識教育必然含有著文化的批判與治療，不但對重振人文教育有助益，對於筆者的研究更有推波助瀾的功效。至於《兩岸哲學對話—廿一紀中國哲學之未來》一書中，闡述海峽兩岸哲學界的學者，對儒家人文精神與全球化的重視，及對中國哲學之未來的交流、互動與展望等建言，足以省人深思。

牟宗三先生的《中國哲學的特質》、《生命的特質》、蔡仁厚先生的《孔孟荀哲學》、《儒家思想的現代意義》、曾昭旭老師的《論語的人格世界》、《存在感與歷史感——論儒學的實踐面向》等書，對儒家思想，尤以孔子的禮樂觀與仁道思想有精闢獨到的見解，對筆者寫作論文有深遠的影響力。

至於博士論文方面，國立臺灣師範大學國文研究所林素玟小姐所著的《禮記人文美學探究》，論述中國人文美學之發展，由孔子展其義，孟子繼其功，荀子衍其實，至《禮記》而統其成。論群體社會之禮樂文化生活，足可顯發人文美學之精神底蘊與價值根源，由先秦人文美學之闡揚，樹立中國美學之精神典範，奠定中國美學以人文為主之基本性格，對筆者的著作亦有助益。

至於碩士論文方面，下列二篇著作，亦有參考的價值。

臺大國文研究所林啟屏先生的《孔孟文學觀念中的道德反省及其意義》一文，全文的主旨是從文學的角度上切入中國古代的禮文意識，對孔孟文學觀念中的「道德反省」作深入的探究，讓我們明確的認識到孔孟因應「禮崩樂壞」的新觀念——賦予「禮文」人性的道德基礎，形成了後代政治思想上「道德政治觀」的意識型態，對筆者的著作頗有啟示作用。

臺大國文研究所黑木澤夫先生的《儒家生活藝術之哲學——生命之造詣與人格形成》，全文是從人生哲學與美學合而為一的觀點，來探討儒家以中庸為原則的生活哲學觀，尤其闡述孔子充實「生命的意義」在於推廣「禮樂」的內涵——「仁道精神」，以此省察來追求理想人格形成歷程的問題，對筆者的著作亦有啟發之作用。

第二章　論孔子禮樂觀產生之時代背景

孔子祖述堯舜，憲章文武，早年有志於世，知其不可而為之，以宗周禮樂制度的捍衛者自居，擔負起維護禮樂制度的神聖使命，孔子主張：「天下有道，禮樂征伐自天子出。天下無道，則禮樂征伐自諸侯出」[一]（《論語．季氏篇》）並提出「名不正，則言不順；言不順，則事不成；事不成，則禮樂不興。」[二]〈子路篇〉的道理，反對季氏「八佾舞於庭」[三]〈八佾篇〉，因此作《春秋》，用以正名分，寓褒貶，一方面傳承周公制禮作樂的精神；一方面又開創日用倫常的規範，成為開創中國儒學道統之宗師。孟子曰：「頌其詩，讀其書，不知其人，可乎？是以論其世也。是尚友也。」（《孟子．萬章下》）的確，知人論世，是讀書第一要事。知人，是對人的生命情性、才識性能有相應的品鑑與恰當的論斷；論世，必須通達事理，才能掌握時代之脈動，衡情度理，辨義於微[四]。美國哲學家愛默生（Emerson）說：「孔子不但是中國文化的重心，亦為世界民族的光榮，孔子的倫理道德和社會觀

一　宋、朱熹《四書章句集註》〈論語集注卷八〉曰：「先王之制，諸侯不得變禮樂。」（臺北：鵝湖出版社，七三年九月）頁一七一。

二　同註一，〈論語集注卷七〉楊氏曰：「名不當其實，則言不順。言不順，則無以考實而事不成。」范氏曰：「事得其序之謂禮，物得其和之謂樂。事不成則無序而不和，故禮樂不興。」，頁一四二。

三　同上註，朱熹曰：「季氏，魯大夫季孫氏也。佾，舞列也，天子八，諸侯六，大夫四，士二。每佾人數，如其佾數。季氏以大夫而僭用天子之樂，孔子言其事當忍為之，則何事不可忍也。」，頁一四二。

四　蔡仁厚《論語人物論》〈自序〉（臺北：商務應印書館，八五年）頁三。

念，實為世界大同的象徵。」由此可見，孔子猶如一盞明燈，照亮中華文化，樹立了儒家人格世界最高的典範，使中華文化的長河源遠流長，「天不生仲尼，萬古如長夜」，洵非虛言。是以本文首先探討春秋時禮崩樂壞產生之時代背景，如下：

第一節　春秋亂世內憂外患國家分崩離析

孔子生於周靈王二十一年，即魯襄公之二十二年，約西元前五五一年—公元前四七九年前。生逢春秋末期，政治擾攘，聖王不作，處士橫議之時代，不僅未能目睹「大道之行」的「大同」之世，即連「三代之英」的「小康」也已成歷史陳跡，政權更迭，王位爭奪，內憂外患，分崩離析，帶給天下蒼生無盡的災難，令孔子不禁喟然而嘆。孔子一生的理想抱負，在於力挽狂瀾，改造現實環境，傳承文化道統為己任。茲述春秋亂世，禮崩樂壞之時代背景，如下列文字所述：

「世衰道微，邪說暴行有作，臣弒其君者有之，子弒其父者有之，孔子懼，作春秋，春秋，天子之事也。是故孔子曰：『知我者其惟春秋乎？罪我者，其惟春秋乎？又曰：春秋成，而亂臣賊子懼。』」—《孟子．滕文公》

孔子生逢周末亂世，世運衰微，道德敗壞，邪僻的學說和殘忍的暴行再度興起，貴族階級已日益崩潰，諸侯上僭於天子，諸侯卿大夫上僭於諸侯，大夫權力日益擴張，例如、衛出公輒時代，衛世子蒯聵恥其母后南子的淫亂，謀殺南子未成，逃亡到晉大夫趙鞅處，魯哀公二年，靈公去世，衛人立靈公孫（太子之子）輒為國君，趙鞅派兵送蒯聵返衛，衛出兵抗拒，蒯聵不得入。蒯聵欲殺母，得罪於父，是子不子的行為；而輒據國以拒父，是無父之人。君臣父子之間，關係混亂，甚至於「臣弒其君，子弒其父」，亂臣賊子當道，打破了「浦天之下，莫非王土；率土之濱，莫非王臣。」《詩經・小雅・谷風之什・北山》[五]的統一政治格局，孔子憂時傷世，因此大聲疾呼：「名不正，則言不順；言不順，則事不成；事不成，則禮樂不興；禮樂不興，則刑罰不中；刑罰不中，則民無所措手足。故君子名之必可言也，言之必可行也。君子於其言，無所苟而已矣。」（《論語・子路篇》），孔子教導子路為政的道理，首在正名，名義能正，一切行事自能各得其當；反之，名分不正，理論無法建立，一切禮樂刑罰，都無法推行。因此寫了一部《春秋》，擔負起正定名分、貶惡揚善的責任，並且呼籲為人君、為人臣、為人父、為人子者，均應善盡一己的責任，不可虛有其名。期盼力挽狂瀾，拯文化於澌絕，由此可見，孔子由悲憫之憂患意識，產生強烈的道德意識，進而積極的參贊天地化育的偉大情操。

[五] 《毛詩・鄭箋》：「浦，大也。率，循；濱，涯也。箋云：『此言王之土地廣矣，王之臣又眾矣，何求而不得，何使而不行。浦音普。』」（臺北，新興書局，六二年九月）頁八七。

第二節　周室衰微天下大亂導致天下禮崩樂壞

從西周到春秋時代，是我國歷史文化重要的轉型時期，周朝王室衰微，貴族生命日漸墜落，保存國家典章制度及人民生活規範之禮樂文化受到嚴重的衝擊，使得「禮樂征伐自天子出」過渡到「禮樂征伐自諸侯出」，進而到大夫專權，僭禮越規的現象，屢見不鮮，使得禮樂制度流於有文無質的地步。禮樂若僅保留外在的儀節形式，而欠缺內在的真誠本質「仁」，是無法達到移風易俗的目標。所以孔子說：「人而不仁，如禮何？人而不仁，如樂何？」（《論語・八佾篇》）說明禮樂的本質在仁。茲述當時禮崩樂壞，僭禮越規的情形如下：

孔子謂季氏：「八佾舞於於庭。是可忍也，孰不可忍也？」三家者以雍徹。子曰：「『相維辟公，天子穆穆。』奚取於三家之堂？」[六]《論語・八佾篇》

六　宋、朱熹《四書章句集註》〈論語集注卷二〉：「季氏，魯大夫季孫氏也。佾，舞列也，天子八、諸侯六、大夫四、士二。每佾人數，如其佾數。或曰：『每佾八人。』未詳孰是。季氏以大夫而僭用天子之樂，孔子言其此事尚忍為之，則何事不可忍為。或曰：『忍，容忍也。』蓋深疾之之辭。」，頁六一。

孔子評論魯大夫季孫氏僭用周天子八八六十四人的舞樂，已經令人氣憤到忍無可忍的地步，並且譏諷魯大夫孟孫、叔孫、季孫三家，在家祭撤除祭品時，也歌唱天子宗廟之祭的雍詩。孔子是高瞻遠矚之智者，對於古代王朝之典章制度有詳實明確之考察，可以依尋歷史之軌跡，來透視國家將來之發展。孔子在從衛國向晉國的路上，在匡遭到危難時說：「文王既沒，文不在茲乎？天之將喪斯文也，後死者，不得與於斯文也，天之未喪斯文也，匡人其如予何！」[七]《論語．子罕篇》孔子所謂的「文」，是指歷史文化的道統，也就是禮樂、法度、教化之跡，可見孔子有「當今之世，舍我其誰」《孟子．公孫丑下》以及「為往聖繼絕學，為萬世開太平」的胸襟和抱負，所以能夠臨危而不懼。孔子又說：「吾自衛返魯，然後樂正，雅頌各得其所。」[八]《論語．子罕篇》孔子憂道之不行，因而不仕，退而「刪詩書，訂禮樂，贊周易，修春秋」，以繼承文王、周公所作的詩書禮樂之道，開啟我國傳統的禮樂教化。

七　宋、朱熹《四書章句集註》〈論語集注卷五〉：「道之顯者，謂之文，蓋禮樂制度之謂。不曰道曰文，亦謙辭也，茲，此也，孔子自謂。」馬氏曰：「文王既沒，故孔子自謂後死者。言天若欲喪此文，則必不使我得與於此文，今我既得與於此文，則是天未欲喪此文也。天既未欲喪此文，則匡人其奈我何？言必不能違天害己也。」，頁一一〇。

八　同上註，「魯哀公十一年冬，孔子自衛反魯，是時周禮在魯，然詩樂亦頗殘闕失次。孔子周流四方，參互考訂，以知其說。晚知道終不行，故歸而正之。」，頁一一三。

第三節　人文精神式微辟世隱居之風盛行

維繫周代社會的禮樂制度被破壞無遺之際，孔子懷抱著滿腔濟世的熱忱，周遊列國，企盼獲得諸侯國君的重用，來發揮「知其不可而為之」的積極精神，以力挽狂瀾，改革世局。無奈各國國君對孔子雖然十分禮遇，但仍無法充分了解孔子的政治理想，以致於孔子到處碰壁，並因此引來辟世隱者的譏諷。茲引《論語．微子篇》所言為證：

長沮、桀溺耦而耕。孔子過之，使子路問津焉。長沮曰：「夫執輿者為誰？」子路曰：「為孔丘。」曰：「是魯孔丘與？」曰：「是也。」曰：「是知津矣！」……曰：「滔滔者，天下皆是也，而誰以易之？且而與其從辟人之世也，豈若從辟世之士哉？」耰而不輟。子路行以告，夫子憮然，曰：「鳥獸不可與同群！吾非斯人之徒與而誰與？天下有道，丘不與易也。」

上述文句所敘述的隱者，目睹天下分崩離析的情勢，一方面深感個人的力量，無力扭轉大局；一方面不願意與亂臣賊子同流合汙，於是為了保持自身的高潔，便隱遁到山林田野中，與鳥獸同居，從此與世無爭，不問世事。孔子聽到隱者的一番話，心理悵然不已，對隱者的消極悲觀，也不以為然，所以告訴子路說：「人不可以和山林中的鳥獸同群呀！我不和這些世人相處在一起，還能跟誰在一起？

我怎麼能夠離群索居，天下如果太平，我也不用出來改革這局勢了。」面對失去規範的政治與社會，孔子改革的意見不被接受，所以孔子才會興起：「甚矣，吾衰也！久矣，吾不復夢見周公！」[九]《論語・述而篇》的感慨。孔子感傷自身的衰老，也就是嘆息世道的衰微，不過孔子依然是「發憤忘食，樂以忘憂」，努力不懈，從《論語》裏很明顯的可以看到，孔子他所採取的是入世而非遁世的態度，因為處在人間世裏，人是無所遁逃於天地之間的，孔子秉持著參贊天地化育、生生不息的精神，[十]一方面肩負起傳承周公禮樂文化的重責大任，一方面也不放棄和人們共同建立理想社會的積極心願。

綜合以上所述，可知周朝的禮樂文治，到孔子的時代，由於王室的陵夷，加上諸侯的擅權，已經流於只重視形式虛文且僵化的現象，因此孔子才會提出振衰解蔽的方式，教導學生以內在的道德自覺，來啟發禮樂的內在根源—仁道，以彰顯中和美善的人格修養。

九　宋、朱熹《四書章句集註》〈論語集注卷四〉：「孔子盛時，志欲行周公之道，故夢寐之間，如或見之。至其老而不能行也，則無復是心，而無復是夢矣，故因此而自歎其衰之甚也。」，頁九四。

十　林安梧先生《論語—走向生活世界的儒學》第壹部〈入世與遁世的抉擇—談孔子與隱士的對答〉，頁一二二。

第三章　論孔子之人格世界

中國文化的智慧方向是以「以人為本，以生命為中心。」《中庸》云：「天命之謂性。」《詩經．周頌》云：「維天之命，於穆不已。」此二句話的涵義是說明天命的流行永遠在生化創造，從個人的生命看出創造的真幾，從創造的真幾了解人性與真實的生命。[一]孔子五十而知天命，不怨天，不尤人，下學而上達，盡心知性，一生所作所為都是為了實踐仁德而努力，上契於天，以傳承中華文化的道統，所以孟子稱讚孔子說：「伯夷，聖之清者也；伊尹，聖之任者也；柳下惠，聖之和者也；孔子，聖之時者也。孔子之謂集大成。集大成也者，金聲而玉振之也。金聲也者，始條理也。玉振之也者，終條理也。始條理者，智之事也。終條理者，聖之事也。」[二]（《孟子．萬章下》），說明孔子的學問博大精深，品德高尚，巧力俱全，聖智兼備，猶如音樂的演奏，眾樂合奏時，先敲金鐘以發其聲，後擊玉磬以收其尾，節奏始終有條有理。孔子上承堯舜、禹、湯、文武、周公之教，下開百世之學，成為萬世之師表，所以能夠集三聖之大成。

一　牟宗三先生《中國哲學的特質》（第八講　對於「性」之規定（一）易傳、中庸一路）（臺北，學生書局，五二年六月），頁六一。

二　宋、朱熹《孟子集註卷十》：「張子曰：『無所雜者清之極，無所異者和之極。勉而清，非聖人之清；勉而和，非聖人之和。所謂聖者，不勉不思而至焉者也。』孔氏曰：『任者，以天下為己責也。』愚謂孔子仕、止、久、速，各當其可，蓋兼三子之所以聖者而時出之，非如三子之可以一德名也。……此言孔子集三聖之事，而為一大聖之事；猶作樂者，集眾音之小成，而為一大成也。成者，樂之一終，書所謂『簫韶九成』是也。」，頁三一五。

茲述孔子的人格世界如下：

第一節　仁智雙彰圓融透顯之典範

儒家之學，以仁為體，以智為用。仁可以感通內外，智足以周遍及物。[三]至聖先師孔子的學知歷程，從其自述「吾十有五而志於學，三十而立，四十而不惑，五十而知天命，六十而耳順，七十而從心所欲不踰矩。」可知孔子一生於自我之進德修業是努力不輟，好古敏以求，並且以「學而不厭、不恥下問」的態度去學習各項新知，以開拓自己的知識領域，最後成為感通人類、洞明世事、潤化萬物的一代大儒。所以牟宗三先生推崇孔子是聖人，說明孔子從「學而不厭，誨人不倦」這不斷的永恆過程中，呈現真實生命之「純亦不已」，這是一個「法體」、「仁體」的永永呈露，亦即是定常之體的永永呈露，也是精純的德性生命之表現，便是聖人生命的本質，並且說：「能夠面對真實的世界，面對自己內心的真實責任感，真實地存在下去，真實地活下去，承當一切，這就是真人了。」由此可見孔子在德行踐仁處，開闢了仁、智、聖的精神生命，創造了道德價值及人格典範。[四]

[三] 蔡仁厚《儒家思想的現代意義》肆、〈儒學的時代性與普遍性〉（臺北，文津出版社，七六年五月），頁五四。

[四] 楊祖漢〈牟宗三先生對孔子的理解〉頁二〇、二一（鵝湖月刊第二八卷、第十期）。

孔子認為君子之道，在修己以安人，修己以安百姓。（《論語．憲問》）修己必以行仁為本，所以孔子說：「仁遠乎哉？我欲仁，斯仁至矣！」《論語．述而》孔子已把握到人生價值係發自人的生命之內，亦即道的根源，就在人的生命之內。孔子所說的道，主要是指向生活、行為的意義，由這種意義來提昇人生的價值，使人成為一個「成人」、「君子」。[五]茲舉《論語》所述為證：

子路問成人，子曰：若臧武仲之知，公綽之不欲，卞莊子之勇，冉求之藝，文之以禮樂，亦可以為成人矣！曰：今之成人者，何必然？見利思義，見危授命，久要不忘平生之言，亦可以為成人矣！」（《論語．憲問篇》）

朱熹為此段話加以註解：「兼此四子之長，則知足以窮理，廉足以養心，勇足以力行，藝足以泛應，而又節之以禮，和之以樂，使德成於內，而文見乎外，則才全德備，渾然不見一善成名之跡；中正和樂，粹然無復偏倚駁雜之蔽，而其為人也亦成矣！」（《四書章句集註》）由朱熹的解析，可知「智慧、廉潔、勇敢、技藝」是儒家理想道德人格的開端，也是生命主體能動性的開發，使生命能順當的進到整個生活世界與歷史社會總體中而開顯之；但重要的就是「文之以禮樂」，是要經由「節之

[五] 同上註，頁一五。引徐復觀〈向孔子的思想性格回歸〉，（鵝湖月刊第二八卷、第十期）。

以禮」、「和之以樂」的涵化而完成，可見「成人」是理想的道德人格，落實在具體的生活世界中而開啟的，[六]足證人格完備的人，必須經過禮樂的薰陶。

《中庸》上說：「誠者非自誠己而已也，所以成物也。成己，仁也；成物，知也。性之德也，合內外之道也，故時措之宜也。」「仁和知」都是性的本德，從個人內在的「格物、致知、誠意、正心、修身」做起，使生命達到圓融透顯的境界。孔子博學多能，以詩書禮樂教弟子，並且以誨人不倦的精神，化育三千學子，身通六藝者有七十二位。所以子貢說：「學不厭，智也；教不倦，仁也。仁且智，夫子既聖矣。」《孟子・公孫丑上》由此觀之，孔子由「仁」的感通潤化，來成己、成人、成物，以達到仁民愛物、民胞物與的境界。由「智」的明覺朗照，而通達事理、利用厚生。[七]孔子的確是儒家「仁智雙彰」的典範，孔子以「仁」立教，告訴我們「為仁由己」，「我欲仁，斯仁至矣。」此種自覺自發的省思，點醒了人們一定要反求諸己，所謂「強恕而行，求仁莫近焉。」人人都可以踐仁成聖，孔子堪稱中國仁德文化之開創者。

顏淵由衷的讚歎孔子說：「仰之彌高，鑽之彌堅，瞻之在前，忽焉在後！夫子循循然善誘人；博我以文，約我以禮。欲罷不能，既竭吾才，如有所立卓爾，雖欲從之，末由也已！」《論語・子罕篇》顏淵是孔門中，天資最高，安貧樂道，好學不倦的得意門生，最能夠心領神會孔子學問道德的博大精

六 林安梧先生〈儒家思想與成人教育—論孔子「仁教」哲學中的成人教育思想〉，（鵝湖月刊第十九卷、第十期、總號第二二六），頁三。

七 蔡仁厚、貳《儒學的常與變》（孔學精神與現代世界）（臺北，東大圖書公司，一九九〇年）頁二四。

深。在他的認知當中，孔子淵博的學問，猶如高山，高不可攀；有如金石，難以鑽研；孔子誨人不倦的精神，已臻於出神入化的境界，「博我以文，約我以禮。」使顏回在學問的基礎與道德的規範上，能夠相輔相成，以成就自己的德業，孔子人格的偉大，由此可見一斑。

第二節　內聖外王天人合德之表徵

儒家的學問，可以總括為內聖之學與外王之學二大綱領。「內聖」之學，涵蓋了生命的學問，也就是孟子所說的：「怵惕惻隱之心」《孟子．告子上》，孔子所說的：「我欲仁，斯仁至矣。」，可見儒家所開顯的「內聖」之學，就是要做到「親親而仁民，仁民而愛物」《孟子．盡心篇》，與國家民族、歷史文化、天地萬物通而為一。「外王」之學，以實行仁政王道為目標。也就是孔子所說：「修己以安人，修己以安百性。」，就是表示必須修己之德，而後才能行愛民之政，以安百姓、安天下。[八]《宋史．邵雍傳》：「堯夫內聖外王之學也。」孔子說：「古之學者為己。」《論語．憲問篇》為己就是成就自己安身立命，是道德的自我完成，也就是「內聖」—成聖成賢的修養工夫；孔子說：「君子學道則愛人。」〈陽貨篇〉，孔子的人生理想是「老者安之，朋友信之，少者懷之。」〈公冶長〉，

八　蔡仁厚《儒家思想的現代意義》壹〈儒家思想與中國現代化〉（臺北：文津出版社，七六年）頁三、四。

蘊含著繼往開來的歷史使命感。方孝孺說：「學則可以守身，可以治民，可以立教。」《明儒學案》，治人、成物，必須有廣博的學識，才能洞燭機先，知人明理、利用厚生，這就是「外王」——聖君賢相修德愛民的仁政理想及禮樂教化為目標。

《周易．乾文言》說：「夫大人者，與天地合其德，與日月合其明，與四時合其序，與鬼神合其吉凶。先天而天弗違，後天而奉天時，天且弗違，而況於人乎？況於鬼神乎？」[九]孟子說：「大而化之之謂聖。」這段話的涵義是說明聖人的聰明睿智，與天地的覆載、日月的普照相契合；他的施政績效賞罰分明，與四時的更替、鬼神的福善禍惡相契合。文中的「大」是心德性體之全部朗現，擴而充之，至於其極。是說明「大人」要與個人小我的生命，與宇宙的本體融合無間，互相感通配合。牟宗三先生說：「仁以感通為性，以潤物為用。」，孔子建立「仁」道，使個人的生命與宇宙萬物為一體，並且參贊天地之化育。所以儒家之學，本天道以立人道，立人德以合天德，人的生命可以通向人倫世界，通向人文世界，以獲得完整性的貞定和安頓。聖人制禮作樂，開出人倫生活的常道，原來就是「先得我心之同然」，以「心同理然」人人本有的道德理則——仁道為基礎。[十]孔子順著禮樂之教的方向，進一步創發「仁教」。

九　宋、程頤《易程傳》：「大人與天地日月、四時、鬼神者，合乎道也。天地者，道也。鬼神者，造化之跡也。聖人先於天而天同之，後於天而能順天者，合於道而已。合於道，則人與鬼神，豈能違也。」（臺北：文津出版社，七六年）頁二〇。

十　蔡仁厚《儒家思想的現代意義》〈儒學的時代性與普遍性〉，頁五四。

許慎在《說文》中對仁的解釋說：「仁，親也，從人從二。」段玉裁《說文解字》注說：「相人耦也。……按人耦猶言爾我，親密之詞。獨則無耦，耦則相親，故其字從人二。」可見人與人之間相親相愛就是仁的基本要求，所以孔子說：「惟仁者，能好人，能惡人。」《論語．里仁篇》，《禮記．禮運》上也說：「以天下為一家，以中國為一人。」足證有仁愛的精神，定可以使四海之內，皆兄弟也。從《論語》中所述，可見仁教的精神義涵，是人與人、人與物、人與天之間，「存在的的道德真實感」，經由孔子的開發與穩立而照亮了整個中國族群[十一]，使得人間處處有溫情。

「仁」是孔子思想的核心，是人類道德修養的根源，更是道德圓滿的表徵。「仁字始見於《尚書．金滕》的『予仁若考』，《詩經》則有『洵美且仁』（鄭風．叔於田），《左傳》大約出現有三十個左右的仁字，以上大約皆只作『仁愛』、『仁厚』解釋。」[十二]孔子集前賢之大成，開啟了人生命中內在的道德動源—仁愛，使「仁」成為做人的最高道德標準和規範。在《論語》中還提出一系列表徵「仁」的具體道德條目，茲舉其大要羅列如下：

一、有子曰：「……孝悌也者，其為仁之本與？」〈學而〉

二、子曰：「巧言令色，鮮矣仁。」〈學而〉

十一 林安梧先生〈儒家思想與成人教育—論孔子「仁教」哲學中的成人教育思想〉（鵝湖月刊，第十九卷 第十期 總號第二二六） 頁四。

十二 徐復觀《中國人性論史》（臺北：中央，五二年）頁九〇。

三、子曰：「人而不仁，如禮何？人而不仁，如樂何？」〈八佾〉

四、子曰：「不仁者不可以久處約，不可以長處樂。仁者安仁；知者利仁。」〈里仁〉

五、子曰：「唯仁者，能好人，能惡人。」〈里仁〉

六、子曰：「我未見好仁者，惡不仁者。好仁者，無以尚之；惡不仁者，其為仁矣，不使不仁者加乎其身。有能一日用其力於仁矣乎？我未見力不足者。蓋有之矣，我未之見也！」〈里仁〉

七、子張問仁於孔子。孔子曰：「能行五者於天下為仁矣。請問之。」」曰：「恭、寬、信、敏、惠。」〈陽貨篇〉

八、顏淵問仁。子曰：「克己復禮為仁。一日克己復禮，天下歸仁焉。為仁由己而由人乎哉？」顏淵曰：「請問其目。」子曰：「非禮勿視，非禮勿聽，非禮勿言，非禮勿動。」顏淵曰：「回雖不敏，請事斯語矣！」〈顏淵〉

綜觀《論語》所述的「仁」，包括孝悌、不巧言令色、克己復禮……等美德，幾乎涵蓋人類各種德行的表現，大體而言，仁要在人際對待中才能顯露出來，也要在人群社會中才能完成，所以孔子說：「仁者，愛人」；韓愈說：「博愛之謂仁。」，可見仁是普遍存在每一個人的生命之中。孔子從「三十而立，四十而不惑，五十以學易」，到七十四臨終，他的內聖之學，較之五十以前更有變化，整個外王學思想，也因為參透大易生生之哲理，默契道妙，入於造化之源，而得聖人之證量，能回到「人人皆有士君子之行」的立場上去設想。[十三]子思在《中庸》中讚美孔子說：「唯天下至聖，為能聰明睿知，足以有臨也；寬裕溫柔，足以有容也；發強剛毅，足以有執也；齊莊中正，足以有敬也；文理密察，足以有別也。溥博如天，淵泉如淵。見而民莫不敬，言而民莫不信，行而民莫不說。是以聲名洋溢乎中國，施及蠻貊。舟車所至，人力所通，天之所覆，地之所載，日月所照，霜露所隊，凡有血氣者，莫不尊親，故曰配天。」[十四]從這些話語看來，可知至聖先師孔子具備聰明睿知、寬裕溫柔、發強剛毅、齊莊中正、文理密察，五種崇高的道德，可以與天地相互輝映，並且受到天下人的尊敬與愛戴。

孔子經過以禮立身、事理不惑、證知天命等學知歷程，使得他的學問致廣大而盡精微，極高明而道中庸，贊天地之化育，建立了「孝悌仁愛」的倫理思想與「情理交融」的生活規範。儒家倫理學的實踐，是以內聖為根基，以外王為目標，而其本質是要體證道德的根源「仁道」。內聖外王是儒家人生的最高理想，所以孔子一方面要求自己獨善其身，自強不息，建立一個成德的典範；一方面又期盼能兼善天下，為千秋萬世的後人樹立修身的標竿。

[十三] 林安梧先生《儒學革命論》第七章〈革命的孔子〉（臺北：學生，一九九八年）頁一五五。

[十四] 宋、朱熹《四書章句集註》〈中庸章句〉：「聰明睿知，生知之質。臨，謂居上而臨下也。其下四者，乃仁義禮知之德。文，文章也。理，條理也。密，詳細也。察，明辨也。溥博，周遍而廣闊也。淵泉，靜深而有本也。出，發見也。立五者之德，充積於中，而以時發見於外也。」頁三八。

第三節　傳承禮樂道揆法守之圭臬

道德哲學家必以促進人們的道德反省，喚醒一時代人類對於文化之覺悟，開示人們以時代之精神使命為己任[十五]。孔子少年時即受禮教之薰陶，所謂「孔子為兒嬉戲，常陳俎豆，設禮容。」[十六]（《史記．孔子世家》）「子入太廟，每事問」〈八佾篇〉「吾十有五而志於學」「不學禮，無以立」〈季氏篇〉，又說：「我非生而知之者，好古敏以求知者。」〈述而篇〉可見孔子求學，不但務實，而且虛心求教，不恥下問，所以能夠「無所不學」。孔子教導學生「博學於文，約之以禮」〈雍也篇〉，又說：「周監於二代，郁郁乎文哉！吾從周。」〈八佾篇〉到晚年，猶興「甚矣，吾衰也。久矣，吾不復夢見周公」之歎〈述而篇〉，足證孔子對周公的傾慕及發揚禮教的用心良苦。茲舉《史記、孔子世家》所敘述的一段話為例：

「孔子之時，周室微而禮樂廢，詩書缺，追跡三代之禮，上紀唐虞之際下至秦穆，編次其事。曰：『夏禮吾能言之，杞不足徵也。殷禮吾能言之，宋不足徵也。足，則吾能徵之矣。』觀殷夏所損

[十五] 唐君毅《文化意識與道德理性》十四、〈文化哲學與歷史哲學意識〉（臺北：學生，一九七五年），頁三七七。

[十六] 日、瀧川龜太郎著《史記會注考證》：「正義：『俎豆，以木為之，受四升，高尺二寸，大夫以上赤雲氣、諸侯加象飾足，天子玉飾也。』」；考證：「《論語．衛靈公篇》：『俎豆之事，則嘗聞之矣。』」鄭環《孔子世家》考云：「『亞聖尚待三遷之教，反之也，至聖則性之矣。聖母豫市禮器以供嬉戲，其陰合太任胎教之道者與。』」

益，曰：『後雖百世可知也，以一文一質。周監二代，郁郁乎文哉，吾從周。』故書傳，禮記自孔氏。」史記、孔子世家》

至聖先師孔子生長在保存周禮最完整的魯國，雖處亂世，仍一心報國，企盼傳承周公制禮作樂之精神，重振社會道德之典範。孔子深知唐虞三代之法制，不得不隨時改弦易轍，因而向老子學周禮，因為老子深諳周禮，孔子便和魯國人南宮敬叔一起向老子學禮。告別時老子為他送行，並且說：「吾聞富貴者送人以財，仁人者送人以言。吾不能富貴，竊仁人號，送子以言：『……為人子者，毋以有己。為人臣者，毋以有己。』」老子認為自己不是富貴的人，只好權充品德高尚的人，用言辭為孔子送別，並且向孔子傳授明哲保身之道。《史記、孔子世家》；子貢告訴衛大夫公孫朝說：「文武之道，未墜於地，在人。賢者識其大者，不賢者識其小者，莫不有文武之道焉。夫子焉不學，而亦何常師之有？」〈子張篇〉。孔子滿懷經世濟民之志，企盼力挽狂瀾，一展從政救國的抱負，可惜生不逢時，只好將滿懷的理想寄託在整理「六經」上。

孔子到武城，聽到弦歌之聲，不禁莞爾而笑說：「割雞焉用牛刀。」當時子游為武城宰，聽到孔子說：「治理小邑，何必用禮樂大道？」的一番話，就回答說：「從前聽老師說過：『君子學道則愛人，小人學道則易使。』」，孔子接著回答說：「二三子！偃之言是也；前言戲之耳！」〈陽貨〉這一段師生的對話，精彩生動，可見孔子的禮樂教育的成功，使得孔門高徒子游能身體力行，並且施行在教化人民上。所以子貢盛讚孔子說：「見其禮而知其政，聞其樂而知其德。由百世之後，等百世之王，莫之能違也，自生民以來，未有夫子也。」《孟子・公孫丑上》，足證孔子承先啟後，開創儒家思想，傳承中華文化的恢宏氣度，無人可與之相媲美。

孔子繼承周公制禮作樂的精神，替人民定倫常，使人民日常生活有道揆法守，以化民成俗。完美的政治統治者應該「以禮化民」、「以樂教民」。所以孔子說：「恭儉莊敬，禮教也；廣博易良，樂教也。」（《禮記・經解篇》）正說明為政者施政應該「樂節禮樂」、「文之以禮樂」來化民成俗，以導正不良的社會風氣。孔子以「興於詩，立於禮，成於樂」〈泰伯篇〉的宗旨，教育弟子由〈詩〉入禮，最後入樂。先由意志的感發、啟蒙，再到禮法制度的學習和實踐，直到性情的淨化，才算自我人格修養的最後完成，進而達到修身養性的最高境界，所以孔子說：「文之以禮樂，亦可以為成人矣」〈憲問篇〉。可見禮樂教化的薰陶，是人格完備的成人應具備的基本條件。

《禮記・樂記》：「樂者，天地之和也，禮者天地之序也。和，故百物皆化；序，故群物皆別。」，說明音樂是自然和諧的表現，禮是天地自然井然有序的表現，因為禮樂和諧有秩序的表現，才使得天地萬物能夠生生不息。可見孔子在提倡禮樂教化時，同時把禮樂所蘊涵的本質「仁德、中和」的精神，加以發揚光大，如此才能撥亂世，反之正。如果「樂教」與「禮教」相輔相成，可以端正社會人心，移風易俗，對於治國、平天下定裨益良多。程伊川作明道先生行狀云：「盡性知命，必本乎孝弟。窮神知化，由通於禮樂。」周公制禮作樂，為人民定倫常及日常生活的軌道；孔子加以發揚光大，並點醒其價值，指導青年學子精神生活之途徑，完成「化民成俗」、「為生民立命」的大德業，使人民有道揆法守。[十七]所以司馬遷盛讚孔子說：「《詩》有之：高山仰止，景行行止。雖不能至，然心嚮往之。余讀孔氏書，想見其為人；適魯，觀仲尼廟堂，車服禮器，諸生以時習禮其家。余祗回留之，不能去云。天下君王，至於賢人眾矣，當時則榮，沒則已焉。孔子布衣傳十餘世，學者宗之自天子王侯，中國言六藝者，折中於夫子，可謂至聖矣！」[十八]《史記．孔子世家》正說明孔子的德慧生命已達到「致廣大而盡精微，極高明而道中庸」的聖人境界。

[十七] 牟宗三先生《中國哲學的特質》〈第十二講　作為宗教的儒教〉頁九八。

[十八] 日、瀧川龜太郎著《史記會注考證》：「《詩．小雅車舝篇》：『景，大也，行，路也，景行，猶言周道也』。索隱：『祇，敬也，言祇敬敬遲回，不能去之，有本亦做低回，義亦通。』張文虎曰：索隱本作祇迴，凌本作祇回，各本作低回。愚按低回，猶徘徊也。」「陳仁錫曰：『史遷可謂知尊聖人之道者矣。』班氏謂：『其先黃老而後六經，非也。觀其作史記於孔子則立世家，於老子但立傳，至論孔子則曰：可謂至聖。論老氏但曰：隱君子。非知足以知聖人，而能若是乎。或謂遷非知孔子之至者，必述其道德精微，而後謂之至。噫！道德精微，雖夫子亦自難言也，而欲責遷言之歟，愈言而愈遠矣。』」

第四章　論孔子禮樂思想之規模

《論語》是一部走向生活世界的儒學，是為了生命的完成和智慧的彰顯，通過對話的方式，而作的一場交談性的經典，重點在人的內在德性之踐履，且由此盡己而盡人，盡物而知天；而在盡己與盡人的生命交談中，它強調的是聆聽者的開放而讓出場域，彼此互為一體，而產生「人文的智慧」。[一] 茲舉《漢書藝文志》所述為證：

> 《漢書藝文志》云：「論語者，孔子應答弟子時人，及弟子相與言，而接聞於夫子之語也。當時弟子各有所記，夫子既卒，門人相與輯而論纂，故謂之論語。」又梁、皇侃《論語義疏》敘云：「哀公十六年，哲人既萎……於是弟子僉陳往訓，各記舊聞，撰為此書。……然此書之體，實會多途。皆夫子平生，應機作教，事無常準。或與時君抗厲，或共弟子抑揚，或自顯示物，或混跡齊凡。問同答異，言近意深。詩書互錯綜，典誥相紛紜，義既不定於一方，名固難求乎諸類，因題論語兩字，以為此書之名也。」

一　林安梧先生《儒學革命論》第八章〈《論語》與廿一世紀的人類文明—交談、啟示與文明治療〉，頁一七八。

由上述可知，從孔子與弟子的語言交談中，領悟到孔子所說的修己治人之道，都涵化在我們的生活世界中。進入到《論語》的生活世界裡，我們可以「尚友古人」，學習到古人真正的人格修養，並且拿自己平時的生活經驗，去體貼它，去對比它，心領神會言語背後義理的真實脈絡，把生命的源頭活水開展出來。[二]孔子說：「興於詩，立於禮，成於樂。」（泰伯篇）正說明了「生命的興發，生命的自立，生命的圓成」，乃是普遍而永恆的人文教育。[三]禮樂是道德的具體化，禮以節眾，樂以和眾，所以孔子把「禮樂」的道德教育，作為「君子」修養的必備條件。徐復觀先生說：「《論語》中有許多語言，不是由邏輯推論出來的，不是憑思辨剖析出來的，而是由孔子的人格直接吐露出來的。……孔子說為仁由己，又說我欲仁，斯仁至矣，是他在體驗中已把握到人生價值係發自人的生命之內，亦即道的根源，乃在人的生命之內。」[四]這的確是中肯之言，我們讀聖賢書，要在生命當下的實踐與擔負中，心領神會進而身體力行之。茲述在《論語》一書中孔子對禮樂思想的闡述，給予我們人生哲學的啟示，如下：

二　同上註，頁一七八。
三　同上註，頁一七八。
四　同上註，頁一七八。

第一節　陶冶心性以豁顯美善人格

從《論語》中，可見孔子與弟子們的嘉言與懿行，禮儀或行為規範的學習，是孔子指導學生德行修養的重要一環，在周旋揖讓之間所顯示的謙恭與從容的禮儀，讓我們能夠見賢思齊，修養高尚的品德，以陶冶身心改變氣質，所以孔子說：「不學禮，無以立。」（《論語．季氏篇》）教導學生要通過優美的文化形式，來樹立人格修養的目標，以移風易俗。孔子並以「六藝」——禮、樂、射、御、書、數等廣義的禮教，通過「文行忠信」四教的學習，「博我以文，約我以禮」的方式（《論語．子罕篇》），讓學生體會到禮樂教化對個人道德修養的重要性，並從「揖讓而升，下而飲」的射禮當中，學習到謙讓從容的禮儀。[五]茲舉《論語》所述為例：

子曰：「恭而無禮則勞，慎而無禮則葸，勇而無禮則亂，直而無禮則絞。君子篤於親，則民興於仁；故舊不遺，則民不偷。」《論語．泰伯》

子曰：「博學於文，約之以禮，亦可以弗畔矣夫！」[六]《論語．雍也》

五　曾昭旭《論語的人格世界》〈中國人文傳統之重德精神〉（臺北：漢光叢刊，一九八二年），頁一八。

六　宋、朱熹《四書章句集註》〈論語集注卷三〉：「約，要也。畔，背也。君子學欲其博，故於文無不考；守欲其要，故其動必以禮。如此，則可以不背於道矣。程子曰：『博學於文而不約之以禮，必至於汗漫。博學矣，又能守禮而由於規矩，則亦可以不畔道矣。』」，頁九一。

孔子認為一個人具有「謙恭、謹慎、勇敢、正直」美好的德行，如果不以禮節儀文來規範他的行為，在應對進退上就會有所缺失。「物有本末，事有終始，知所先後，則近道矣」，因此在上位的國君，能夠厚待自己的親族，不遺棄故交舊友，如此人民就就會興起仁愛的風氣，而不會待人刻薄了。所以《禮記．曲禮》上說：「夫禮者，所以定親疏決嫌疑，別同異，明是非也。」說明禮是用來制定人與人親疏的關係，判斷事情的是非善惡，分辨物類的同異，使人民的行為有準則，不會無所適從。可見禮是立身之大道，修己之準則。至於樂教的重要性，由下述可知：

子曰：「關雎，樂而不淫，哀而不傷。」[七]《論語．八佾》

子謂韶：「盡美矣，又盡善也。」[八]《論語．八佾》

孔子既然精通聲樂與器樂，對於音樂欣賞的能力自然是很高的。他最欣賞的音樂，是虞舜時的韶樂和關雎之樂。韶樂聲調非常美盛，內容非常完善。〈關雎〉這篇詩樂，表現歡樂的氣氛，但不流於

七 宋、朱熹《四書章句集註》〈論語集注卷二〉：「〈關雎〉，〈周南國風詩〉之首篇也。淫者，樂之過而失其正者也。傷者，哀之過而害於和者也。〈關雎〉之詩，言后妃之德，宜配君子。求之未得，則不能無寤寐反側之憂；求而得之，則宜其有琴瑟鐘鼓之樂。蓋其憂雖深而不害於和，其樂雖盛而不失其正，故夫子稱之如此。欲學者玩其辭，審其音，而有以識其性情之正也。」頁六六。

八 宋、朱熹《四書章句集註》〈論語集注卷二〉：「韶，舜樂。美者，聲容之盛。善者，美之實也。舜紹堯致治，武王伐紂救民，其功一也，故其樂皆盡美。然舜之德，性之也又以揖遜而有天下；武王之德，反之也，又以征誅而得天下，故其實有不同者。」頁六八。

放蕩；雖然悲哀但不至於傷情。孔子深知音樂對於社會人心有莫大的影響力，對個人而言，可以培養優美高尚的情操；對社會而言，可以化暴戾為祥和，有移風易俗，潛移默化之功效。孔子認為雅樂，具有中和之美，可以達到「樂而不淫，哀而不傷」的地步。孔子最推崇《韶樂》的美善合一，也是從政治角度出發。在提倡古樂時，同時也把禮和人格道德引入古樂的「平和」中，如此才能撥亂反正。所以孔子說：「恭儉莊敬，禮教也；廣博易良，樂教也。」《禮記・經解》，孔子著重禮樂教育，認為通過「恭儉莊敬」的禮教洗禮，及「廣博易良」的樂教薰陶，才能豁顯每個人美善之人格。

第二節　體現倫常以提昇道德意識

孔子的中心思想在「仁」，並且認為「人而不仁，如禮何？人而不仁，如樂何？」《論語・八佾篇》孔子明示「仁」是禮義之本，又說：「禮云禮云，玉帛云乎哉？樂云樂云，鐘鼓云乎哉？」（《論語、陽貨篇》）此是孔子慨嘆當時的禮樂教育徒具形式，而忽略禮樂內在的實質精神，朱熹加以解析說：「敬而將之以與玉帛，則為禮；和而發之以鐘鼓，則為樂。遺其本，而專事其末，則豈禮樂之謂哉？」《論語集註》這章的意旨是說明玉帛交錯，只是行禮儀文的表徵；鐘鼓爭鳴，只是演奏音樂的技巧，而缺乏禮樂的實質內涵─敬與和。所以林放問禮的根本何在？孔子回答說：「大哉問！禮與其奢也，寧儉；喪，與其易也，寧戚。」《論語．八佾》孔子借林放問禮的根本意義，說明一般的禮，與其講究排場鋪張浪費，寧可簡約樸實，捨棄儀式虛文，而著重實質精神。人從事禮儀活動，貴能適度中節，所以朱熹引范祖禹的見解說：「夫祭，與其敬不足而禮有餘也，不若禮不足而敬有餘也。喪，與其哀不足而禮有餘也，不若禮不足而哀有餘也。」[九]說明禮的興作，是把內心仁的本質精神向外表現出來，如果專尚禮的虛文，猶如無源的水，其功效是不會長久的。對於禮樂教化的重要性，茲舉《論語》所述為證：

子曰：「興於詩，立於禮，成於樂」[十]《論語．泰伯》

子所雅言，詩、書、執禮，皆雅言也。[十一]《論語．述而》

九 朱註引范祖禹說，以《禮記．檀弓》記子路之言：「喪禮，與其哀不足而禮有餘也，不若禮不足而哀有餘也。」做助解。頁六二。

十 宋、朱熹《四書章句集註》〈論語集注卷四〉：「興，起也。詩本性情，有邪有正，其為言既易知，而吟詠之間，抑揚反覆，其感人又易入。故學者之初，所以興起好善惡惡之心，而不能自已者，必於此而得之。禮以恭敬辭遜為本，而有節文度數之詳，可以固人肌膚之會，筋骸之束。故學者之中，所以能卓然自立，而不為事物所搖奪者，必於此而得之。樂有五聲十二律，更唱迭和，以為歌舞八音之節，可以養人之情性，而蕩滌其邪穢，消融其渣滓。故學者之終，所以至於義精仁熟，而自和順於道德者，必於此而得之，是學之成也。」頁一〇五。

十一 宋、朱熹《四書章句集註》〈論語集注卷四〉：「雅，常也。執，守也。詩以理情性，書以道政事，禮以謹節文，皆切於日用之實，故常言之。禮獨言執者，以人所執守而言，非徒誦說而已也。」程子曰：「孔子雅素之言，止於如此。若性與天道，則有不可得而聞者，要在默而識之也。」謝氏曰：「此因學易之語而類記之。」頁九七。

孔子教導學生以詩、禮、樂培養完善的德行，詩可以鼓舞人的心志，使人興起向善的情操；禮是一個人立身處世的基礎，使人行為端莊合宜；樂可以陶冶人的心性，建立完美的人格。所以朱熹在《論語集註》上加以註解說：「詩本於詩人純正的性情，所以詩篇的創作，抑揚反覆的節奏，能夠深入人心，使人興起好善惡惡的意志。禮以恭敬辭讓為根本，而禮儀節文的制定，可以使人的言行舉止合乎節度，處處表現恭儉莊敬，循規蹈矩，所以能夠卓然自立，而不為外在事物所動搖。音樂優美的節奏，可以陶冶人的性情，化暴戾為祥和。在音樂的薰陶下，可以培養人們善良的德性，建立完美的人格。」由朱熹的解析，可以了解孔子提出了「樂」的重要，居於「成」的地位，學詩學禮之後，必以樂成之。因此詩禮樂三者兼備，以致其用，才能收到潛移默化的功效，以發揮音樂道德的功用，進而蔚為一種善良的風俗。禮樂並重，並把樂安放在禮的上位，認定樂才是一個人格完成的境界，這是孔子立教的宗旨。[十二]程子說：「天下英才不為少矣，特以道學不明，故不得有所成就。夫古人之詩，如今之歌曲，雖閭里童稚，皆習聞之而知其說，故能興起。今雖老師宿儒，尚不能曉其義，況學者乎？是不得興於詩也。古人自洒掃應對，以至於冠、昏、喪、祭，莫不有禮。今皆廢壞，是以人倫不明，治家無法，是不得立於禮也。古人之樂，聲音所以養其耳，采色所以養其目，歌詠所以養其情性，舞蹈所以養其血脈。今皆無之，是不得成於樂也。是以古之成材也易，今之成材也難。」（宋、朱熹《四書章句集

十二　曾昭旭《論語的人格世界》（中國人文傳統之重德精神）（臺北：漢光叢刊，一九八二年）頁一八。

註》）程子之歎，誠肺腑之言，有感而發。的確，把詩書禮樂的人文教化，落實在人間世中，定可以喚醒每個人的仁心，以開展道德人格的理想境界。

《國語・周語下》上說：「夫政象樂，樂從和，和從平。」的確，唯有掌握「禮樂」的實質精神，君仁臣忠、父慈子孝、兄友弟恭、夫義婦聽、長惠幼順的倫常制度，定可以早日付之實現。《荀子・樂論》也說：「樂者，聖人之所樂也。而可以善民心，其感人深，其移風易俗。故先王導之以禮樂，而民和睦。」說明透過禮樂教化的薰陶，可以化性起偽，使人的理智、情感得到宣暢平衡的發展；音樂感人至深，沁人心脾，可以收到移風易俗，導正社會不良風氣的功效。由此可知，禮樂教化是君王感化人心，化民成俗，樹立德範，使人民和睦相處的基石。

第三節　推行政教以落實禮樂教化

孔子生當「世道衰微，邪說暴行又作」的春秋時代，他舉起復古的旗幟提出正名之說，其目的就是要正定等級名分，辨別尊卑上下、貴賤同異，重新確定人們在社會生活中的關係和地位。以周禮為正名的標準，企盼重建他理想的周公盛世。因而有所謂「克己復禮」的說法，來挽救禮崩樂壞的局面。

[十三]所以孔子說：「吾自衛反魯，然后樂正，雅頌各得其所。」《論語・子罕》又說：「道之以政，齊之以刑，民免而無恥；道之以德，齊之以禮，有恥且格。」《論語・為政》一個社會如果欠缺道德教化，只依靠刑法與政令，是無法讓人民心悅誠服，改邪歸正的。孔子之意，旨在對顯德禮與政刑的本末終始，並非排斥政刑的意思。所以朱子說：「政者、為治之具，刑者、輔治之法；德禮，則所以出治之本，而德又禮之本也。此其相為終始雖不可偏廢，然政刑能使民遠罪而已，德禮則有以使民日遷善而不自知。故治民者不可徒恃其末，又當探其本也。」《論語集註》在儒家看來，禮義之道是治國的綱領，而法刑則是本乎禮義之道的具體措施，二者有相輔相成的關係，所以孔子才會說：「民免而無恥」的話，的確值得為政者引以為戒。茲舉《論語》所述為例：

> 子路曰：「衛君待子而為政，子將奚先？」子曰：「必也正 名乎！」子路曰：「有是哉，子之迂也！奚其正？」子曰：「野哉，由也！君子於其所不知，蓋闕如也。名不正，則言不順；言不順，則事不成；事不成，則禮樂不興；禮樂不興，則刑罰不中；刑罰不中，則民無所措手足。故君子名之必可言也，言之必可行也。君子於其言，無所苟而已矣！」[十四]《論語・子路》

[十三] 楊華《先秦禮樂文化》第八章〈禮樂存廢辨—先秦諸子的禮樂思想〉第一節〈儒家的復古禮樂觀〉，頁二四九、二五〇。

[十四] 朱熹《四書章句集註》〈論語集注卷七〉：「范氏曰：『事得其序之謂禮，物得其和之謂樂。事不成則無序而不和，故禮樂不興。禮樂不興，

由上述可知，孔子教導子路為政的道理，首在正名；因為名分不正，說出來的話，就不順理；說話不順理，事情就做不成功；事情做不成功，禮樂教化就不能推行；禮樂教化不能推行，刑罰就不能得當；刑罰不能得當，人民就手足無措，無所適從。禮是人倫制度的規範，孔子希望建構一個「君君、臣臣、父父、子子」（《論語．顏淵篇》）充滿仁愛風氣的國家，所以孔子說：「人而不仁，如禮何？人而不仁，如樂何？」《論語、八佾篇》要達成這個理想目標，首要之途，就是人人體現具有「仁德、中和」內涵的禮樂制度，而不是徒具形式、流於繁文縟節的世俗禮樂。孔子認為人應該靠著仁心的自覺，找到人生價值的內在根源，而通過內省默識、遷善改過的功夫以自立。[十五]《禮記．儒行篇》上說：「禮節者，仁之貌也；歌樂者，仁之和也。」正說明仁德是禮樂教化的表徵，更是塑造良好的道德人格，建設和諧完善國家的圭臬。

子張問政，孔子說：「君子明於禮樂，舉而錯之而已。」說明為人君者，只懂得禮樂的儀文形式，而不去身體力行，仍然無法化民成俗，所以孔子又說：「師，爾以為必鋪几筵，升降的獻酬酢，然後謂之禮乎？爾以為必行綴兆，興羽篇作鐘鼓，然後謂之樂乎？言而履之，禮也；行而樂之，樂也。君

則施之政事皆失其道，故刑罰不中。』程子曰：『名實相須。一事苟，則其餘皆苟矣。』胡氏曰：『衛世子蒯聵恥其母南子淫亂，欲殺之不果而出奔。靈公欲立公子郢，郢辭。公卒，夫人立之，又辭。乃立蒯聵之子輒，以拒蒯聵。夫蒯聵欲殺母，得罪於父，而輒據國以拒父，皆無父之人，其不可以有國也明矣。夫子為政，而以正名為先。必將具其事之本末，告諸天王，請于方伯，命公子郢而立之。則人倫正，天理得，名正言順而事成矣。夫子告之詳如此，而子路終不喻也。故事輒不去，卒死其難。徒知食焉不避其難之為義，而不知食輒之食為非義也。』」，頁一四二。

十五 曾昭旭《存在感與歷史感——論儒學的實踐面向》（臺北，商務印書館，二〇〇三年）頁五六。

子力此二者，以南面而立，夫是以天下太平也。」[十六]《禮記・仲尼燕居》子張向孔子請教推行政治的道理，孔子回答說：「禮的重點，不是在乎禮器祭品的鋪設，及禮文儀式的進行，而要合於篤實踐履，行而樂之的禮樂本質，因此為政者，能夠推行禮樂教化，如此天下人民才能夠和平安樂。」由此可知，推行禮樂教化，不可以本末倒置，應該將「仁道」的精神落實人世間的禮文教化中，以培育人民具有中和美善的人格修養。

[十六] 孫希旦《禮記集解》：「言而履之，曲禮所謂脩身踐言也。行而樂之，孟子所謂樂則生而至於手舞足蹈也。如此則內和外理，而以之平治天下不難矣。」，頁六二九。

第五章　論孔子禮樂思想之源流

「禮」、「樂」的結構，可分為兩層：一層是「禮文」，是禮的形式；一層是「禮意」，是指禮的內容。「禮意」具有普遍性和永恆性；「禮文」，則具有地域性和時間性，會隨時空而改變。[一]所以孔子說：「禮云禮云，玉帛云乎哉？樂云樂云，鐘鼓云乎哉？」《論語．陽貨》孔子所說的「玉帛」、「鐘鼓」只是禮器，也是「禮文」的一種，如果禮樂流於形式空文，而喪失內在的精神本質，這就是孔子所說的「不仁」。《論語集解》引鄭玄說：「玉，圭璋之屬也；帛，束帛之屬也。言禮非但崇此而已，所貴者，乃貴其安上治民也。」又引馬融說：「樂之所貴者，移風易俗也，非謂鐘鼓而已也。」這章是說明孔子慨嘆世人行禮用樂時，只注重外在的形式，而不明白禮樂的真正涵義，所以孔子才會要求弟子們，將仁心貫注到禮樂活動中，進一步說明個人的涵義與文化的傳承，皆須經由禮教的貞定自立，使生命的價值昭顯；樂教的潛移默化，使仁德融通圓成。[二]因此在推動禮樂教化時，應該貫徹它的內涵基礎，以達成禮樂「移風易俗，安上化人」的目的。

一　傅武光《孔孟老莊思想的平等精神》第三章〈孔孟思想的平等精神〉第六節〈從社會思唯來看〉，頁一〇五。

二　蔡仁厚《孔子的生命境界—儒學的反思與開展》（臺北：學生，一九九〇年）貳、〈詩、禮、樂與文化生命〉，頁二〇。

第一節 禮之蘊涵：仁道

綜觀《論語》所述的「仁」，幾乎涵蓋人類各種德行的表現，大體而言，仁人要在人際對待中才能顯露出來，也要在人群社會中才能完成。[三]所以孔子說：「仁者，人也。親親為大。義者，宜也，尊賢為大。親親之殺，尊賢之等，禮所生也。」[四]（《中庸．第二十章》）孔子認為「仁」就是人性情感的表現，其中以親愛自己的親人最為重要；義就是合宜規矩的行為，其中以尊重賢良最為重要；禮就是從親愛親人，尊賢容眾中產生。管仲說：「禮者，因人之情，緣義之理，而為之節文者也。」（《管子．第十三心術上》），可見禮是合情合理的節文，而仁是人與人相處所產生的真切之情，普遍存在每一個人的生命之中，所以樊遲問仁，孔子說：「愛人。」（《論語．顏淵》），我們要如何彰顯人類最完美的道德境界「仁」呢？

首先，「為仁由己」（顏淵），孔子說：「仁遠乎哉？我欲仁，斯仁至矣。」〈述而〉又說：「有能一日用其力於仁矣乎？我未見力不足者。」〈里仁〉正明白的說出，「仁」潛藏在每個人的內心深處，是不假外求的，是每個人內在品德涵養的結果，並且照亮整個中國族群。其次，「仁」是待人接

三 傅武光《孔孟老莊思想的平等精神》第三章〈孔孟思想的平等精神〉第六節〈從社會思唯來看〉，頁一〇五。

四 朱熹《四書章句集註》〈中庸章句〉：「人，指人身而言。具此身生理，自然便有惻怛慈愛之意，深體味之可見。宜者，分別事理，各有所宜也。禮，則節文斯二者而已。」頁二八。

物的準則，它的實際意義是「愛人」。孔子說：「弟子入則孝，出則悌，謹而信，汎愛眾，而親仁。行有餘力，則以學文。」〈學而〉由此可知，孝順父母，敬愛兄長，是行仁的基本要件，而「汎愛眾」，是最終的目標。

孔子說：「君子篤於親，則民興於仁。」〈泰伯〉，又說：「夫仁者，己欲立而立人，己欲達而達人。」〈雍也〉，孔子說明在上位的人能夠以仁心厚待親屬，上行下效，那麼民間也會興起仁愛的風氣。所以仁的真諦，在於人人有兼善天下的襟懷，自己想立身行道，也期盼其他人也能夠行仁道。《中庸》上說：「唯天下之至誠，為能盡其性；能盡其性，則能盡人之性；能盡人之性，則能盡物之性；能盡物之性，則可以贊天地之化育；可以贊天地之化育，則可以與天地參矣。」《中庸》所敘述的「誠」與孔子所言的「仁道」可以相輔相成，只有至誠的人，才能發揮民胞物與的情懷，贊助天地的化育，希望推廣仁愛之美德，普及於全天下、全人類。

關於「仁」所蘊涵的面向，蔡仁厚先生曾綜括為五：一是道德之根，價值之源。例如、〈學而篇〉所述：「君子務本，本立而道生，孝弟也者，其為仁之本與。」孔子認為「仁」是孝悌的根本。二是全德之名。例如、〈憲問篇〉所述：「仁者不憂。」孔子認為仁德的人做事光明磊落，所以不會心懷憂慮。三是真實生命。例如、〈衛靈公篇〉所述：「志士仁人，無求生以害仁，有殺身以成仁。」孔子認為志士仁人，能夠犧牲小我的生命而來成全仁德。四是人格發展的最高境界。例如、〈雍也篇〉

所述：「夫仁者，己欲立而立人，己欲達而達人。」[五]孔子認為有仁德的人，能夠發揮兼善天下的襟懷，使天下的人都能夠立身行道。五是踐仁不只表現主觀精神（成德性、成仁者、成聖人），而且表現客觀精神（己立立人、己達達人、修己以安百姓），同時並透顯絕對精神（下學而上達、踐仁以知天，以臻於天人合德、與物無對之境界）[六]，由以上所述可知孔子的人生理想就是要做到「明明德，親民」最後達到止於至善的境界。

孔子認為「仁以感通為性，以潤物為用」，感通是生命精神方面的層次擴大，感通是與宇宙萬物為一體的；潤物是感通的過程中給予人們溫暖，並且能夠引發人向上發展的蓬勃生命力，[七]這的確是深中肯綮之言，也說明了「仁」，是人生於世所應追求的最高道德標準。

五 朱熹《四書章句集註》〈論語集注卷三〉：「以己及人，仁者之心也。於此觀之，可以見天理之周流而無閒矣。狀仁之體，莫切於此。」頁九二。

六 蔡仁厚《孔孟荀哲學》第四章〈孔子言「仁」的實義〉第四節〈「仁」的真實函義〉（臺北：學生書局，七三年一二月）頁七四、七五。

七 牟宗三先生 《中國哲學的特質》第五講〈孔子的仁與「性與天道」〉，頁三六。

第二節　禮之根源意識

一、由敬天法祖衍生宗教意識

《說文解字詁林》：「禮，履也，所以事神致福也。從示從豐」從示從豐，王國維從殷墟卜辭中，「豐」字與「豐」字的演變轉用，指出「禮」乃「盛玉以奉神人之器」，又推之而奉神人之事通謂之「禮」。（《觀堂集林：釋禮》）可見禮的本義，就是祭祀鬼神以求福祉。《尚書》說：「有能典朕三禮。」《虞書．舜典》三禮就是祭祀天神、地祇、人鬼之禮。《荀子．禮論》上記載：「禮有三本：天地者，生之本也；先祖者，類之本也；君師者，治之本也。無天地，惡生？無先祖，惡出？無君師，惡治？三者偏亡，焉無安人。故禮，上事天，下事地，尊先祖，而隆君師。是禮之三本也。」後來禮的範圍擴大，由三禮到五禮、六禮等，才引申為一切的禮儀均稱為禮，可見禮之本義，包含吾人對聖賢豪傑、個人祖先、民族祖先之崇拜皈依之宗教意識。

周公是由「殷人尊神，率民以事神，先鬼而後禮」的宗教性很濃厚的文化，轉向「周人尊禮尚施，事鬼敬神而遠之，近人而忠焉」（《禮記．表記》）的人文精神的關鍵人物。而宗教意識原出自吾人感慨人生苦難罪惡不能自拔，即產生期盼解脫罪惡之心理，為求改過遷善而表現出不自覺之道德品性，由此可見中國的原始宗教在周初時透過憂患意識之出現而轉化為人文精神，這種憂患意識即產生吾人之道德意識[八]。而孔子所說的「禮」，包蘊宏富，從宗教祭典到古代成規儀文，甚至一切文化的代名詞。茲引《論語》所述為證：

「生，事之以禮；死，葬之以禮，祭之以禮。」《論語．為政》

從父母在世時，為人子女冬溫夏清、昏定晨省，克盡孝道；到父母離開人世依照世俗的禮節安葬他們、祭祀他們，這也就是《禮記．禮運》上所說：「禮義也者，人之大端也，所以講信修睦，而固人之肌膚之會、筋骸之束也。所以養生送死、事鬼神之大端也。」[九]說明禮義是每個人立身處世的基石，人類以禮義為推動道德的原動力，它使人人能講信修睦更維繫了人類良好的人倫關係，使人們養生送死都合乎禮節。由此可見，禮義是維繫人倫社會的基石。儒家所談的禮不但通於道德，也通於宗教，包括了祭祀之禮，也是孝道的延伸與擴大。儒家以「報本返始，守護常道」為天職。同時肯定天地是宇宙生命的本始，祖先是個體生命的本始，聖賢是文化生命的本始，所以主三祭以返本。[十]儒家

八　蔡仁厚《儒學的常與變》肆、〈中國現代化的綱領與層次〉（臺北，東大圖書公司，七九年一〇月），頁七三。

九　孫希旦《禮記集解》：「肌膚筋骸四者聚，而為身有禮，則莊敬日強。惰慢邪僻之氣，無自而入，而肌膚之會，筋骸之束，自此固矣。講信修睦而見於事者，無不誠。固人肌膚筋骸而動於身者，無不莊。以明，則養生送死，以幽，則事鬼神，亦惟禮義為大端緒也。」頁三〇三。

十　蔡仁厚《儒學的常與變》肆、〈中國現代化的綱領與層次〉，頁七三。

的三祭之禮—祭天地、祭祖先、祭聖賢，證實了儒家的宗教性，通過三祭之禮，可以使人的生命與宇宙相通，與祖先相通，與聖賢相通。

《禮記．祭統》上說：「凡治人之道，莫急於禮。禮有五經，莫重於祭。夫祭者，非物自外至者也，自中出生於心也；心怵而奉之以禮。是故，唯賢者能盡祭之義。」說明祭祀鬼神之禮是發自人們內心的感念，也就是孝心的表現，這種回歸於生命根源「報本返始」的精神，是儒家極為深遠懿美的生命的表現。[十二]先秦時的禮樂活動內容，大都與當時的祭祀，然而禮的活動內容卻隨著社會文化的演進，日趨複雜。所謂「吉、凶、軍、賓、嘉」五禮，這些禮節是因人情而設立的，所以司馬遷在《禮書》篇首即對「禮」大加贊美：「洋洋美德乎！宰制萬物，役使群眾，豈人力也哉！余至大行禮官，觀三代損益，乃知緣人情而制禮，依人性而作儀，其所由來尚矣。人道經緯萬端，規矩無所不貫，誘進以仁義，束縛以刑罰，故德厚者位尊，祿重者寵榮，所以總一海內，而整齊萬民也。」說明禮是廣大充實而能影響社會人心久遠的一種美德，禮能順應自然的變化，主宰萬物的生長，順應人情事故，領導群眾循規蹈矩，共謀社會國家的長治久安。

詳細考察夏、商、周三代禮制的損益變革，可知從古至今，都是根據人情的實際需要制訂國家各種禮制，而仁義道德就是透過人的情性，經緯萬端，引領人民向善去惡的根源。由上述可見，禮的內

[十二] 蔡仁厚《孔子的生命境界—儒學的反思與開展》貳、〈詩、禮、樂與文化生命〉，頁二七。

在基礎是仁，是義，人的生命要安頓於仁，要經由「禮門」而進入道德理性的價值世界，要由「義路」而走上人生的康莊正途。[十二]足證禮義是待人處世的基本要件，值得大家重視。

二、由戒慎恐懼凝成憂患意識

中國人之憂患意識是由「德之不修，學之不講」，所引發的責任感，因而能夠「臨事而懼，好謀而成」，使人民在戒慎恐懼中，產生「敬德、明德」等觀念，更證明了在禮教的維護下，使人民能夠循規蹈矩，成聖成賢。[十三]孔子說：「夫禮，先王以承天之道，以治人之情。故失之者死，得之者生。《詩》曰：『相鼠有體，人而無禮；人而無禮，胡不遄死？』是故夫禮，必本於天，殽於地，列於鬼神，達於喪祭、射御、冠昏、朝聘。故聖人以禮示之，故天下國家可得而正也。」[十四]（《禮記．禮運》），說明禮本是先聖先王順應自然規律，來約束人民生活行為的法則，人民的行為合乎禮義規範，做事才

[十二] 蔡仁厚《孔子的生命境界—儒學的反思與開展》貳、〈詩、禮、樂與文化生命〉，頁二九。

[十三] 牟宗三先生《中國哲學之特質》第三講〈憂患意識中之敬、敬德、明德與天命〉，頁二〇。

[十四] 孫希旦《禮記集解》：「承天之道者，本其自然之秩序，禮之體，所以立也。治人之情者，示以一定之儀，則禮之用，所以行也。禮者，人之所恃以生，失禮則亡，其所以生矣。殽，效也。應氏鏞曰：『禮之大原出於天，故推其所自出而本之，效法之謂也，故因其成法而效之，列於鬼神，充塞乾坤，昭布森列，而不可遺，達於喪祭射御冠昏朝聘，人道交際，周流上下而無不通，效法於天地鬼神者，所以承天之道，達於天下國家者，所以治人之情。』」，頁二八八。

會有條有理。可見古代聖君重視禮教的重要，使人民能在戒慎恐懼中，懂得敬天法祖，無忝爾所生，以恭儉莊敬的態度來建立良好的社會秩序。茲引《論語》所述為例：

「祭如在，祭神如神在。子曰：『吾不與祭，如不祭。』」[十五]《論語・八佾》

樊遲問知。子曰：「務民之義，敬鬼神而遠之，可謂知矣。」[十六]《論語・雍也》

孔子在祭祀祖先時，以虔誠恭敬的態度及敬畏的心情投入祭祀中，好像祖先「洋洋乎如在其上，如在其左右」《中庸》，肯定已去世的祖先，仍然如一般人真實的存在於人世間，可以福佑子孫，表示孝子不忘本，一舉足不敢忘記祖先，一出言不敢忘記祖先的存在。孔子認為不親自去祭祀，也就無從表達自己對祖先至誠至敬的追思情懷。所以曾子說：「慎終追遠，民德歸厚矣。」《論語・學而》又說：「生，事之以禮，死，葬之以禮，祭之以禮，可謂孝矣。」《孟子・滕文公上》，在上位者尊敬遠祖，祭祀祖先時，能盡禮盡哀，以戒慎恐懼的態度「事死如事生，事亡如事存。」《中庸》，有

[十五] 朱熹《四書章句集註》〈論語集注卷二〉：「程子曰：『祭，祭先祖也。祭神，祭外神也。祭先主於孝，祭神主於敬。』愚謂此門人記孔子祭祀之誠意。又記孔子之言以明之。言己當祭之時，或有故不得與，而使他人攝之，則不得致其如在之誠。故雖已祭，而此心缺然，如未嘗祭也。」頁六四。

[十六] 同上註〈論語集注卷三〉：「民，亦人也。……專用力於人道之所宜，而不惑於鬼神之不可知，知者之事也。……此必因樊遲之失而告之。」，頁八九-九〇。

這樣的孝思，上行下效，社會的風俗道德定會日趨於純樸篤厚，不但能夠興起仁愛的風氣，也能夠讓後代子孫在戒慎恐懼中，體認生命存在的價值。

儒家所重視的祭禮，是以理性的態度去尊敬鬼神，不是一味的迷信，崇拜偶像，而被迷惑了。所以《禮記・祭義》上記載：「天下之禮，致反始也，致鬼神也，致物用也，致義也，致讓也。致反始，以厚其本也；致鬼神，以尊其上也；致物用，以立民紀也；致義，則上下不悖逆矣；致讓，以去爭也。」[17]說明天下的禮，具有五種意涵：一便是不忘本，這是孝悌的表現；二是通鬼神，這是慎終追遠的表現；三是開發各種資源，使天下物阜民豐；四是建立倫理道德；五是發揚謙讓的美德。可見從個人修身到治國平天下，都要依循禮節，表現出誠敬的心意，如此社會秩序定能和諧安寧。

三、由克己復禮體現道德意識

《詩・大雅・烝民》說：「天生烝民，有物有則，民之秉彝，好是懿德。」說明中國從古以來，上天生下眾民，萬事萬物都有依循的準則，人民所秉持的一個意識趨向，都喜歡這美好的品德，也就是禮教的本源。朱熹在《詩集傳》中加以解釋說：「……烝，眾也。則，法。秉，執。彝，常。懿，

---

[17] 孫希旦《禮記集解》：「鄭氏曰：『因祭之義，汎說禮也；。致之言志也。使人勤行至於此也。至於反始，謂報天之屬也。至於鬼神，謂祭宗廟之屬也，至於和用，謂治民之事，以足用也。物猶事也，變和言物，互文也。微，少也。』孔氏曰：『此一節明禮之大用，凡五事，若行之得理，則天下治矣。』」，頁六〇二。

美。……言天生眾民，是物必有是則。蓋自百骸、九竅、五藏而達之君臣、父子、夫婦、長幼、朋友，無非物也，而莫不有法焉。如視之明，聽之聰，貌之恭，言之順，君臣有義，父子有親之類是也。是乃民所執之常性，故其情無不好此美德者。……昔孔子讀詩至此而贊之曰：『為此詩者，其知道乎？故有物必有則，民之秉彝也，故好是懿德。』」孔子稱讚作這首詩的人，能夠深切體會日用倫常的道理，教化人民執守常道，並且喜歡這種種美德。由此可知，儒家所謂的聖人，必須從德性實踐的態度出發，發揮自己的生命特質，他們正視道德人格之生命，「行之乎仁義之塗」，以精神生命的涵養，來控制人類情慾的滋長，這就是儒家所說的「正德」的功夫，與孔子所說的「克己復禮」有異曲同工之妙。[十八]孟子的性善學說，也是奠基於此。茲舉《論語》所述為例：

顏淵問仁。子曰：「克己復禮為仁。一日克己復禮，天下歸仁焉。為仁由己，而由人乎哉？」顏淵曰：「請問其目？」子曰：「非禮勿視，非禮勿聽，非禮勿言，非禮勿動。」顏淵曰：「回雖不敏，請事斯語矣！」[十九]《論語．顏淵》

[十八] 牟宗三先生《中國哲學之特質》第二講〈中國哲學的重點何以落在主體性與道德行詩、禮、樂與文化生命〉頁一五。

[十九] 朱熹《四書章句集註》〈論語集注卷六〉：：「仁者，本心之全德。克，勝也。己，謂身之私欲也。復，反也。禮者，天理之節文也。為仁者，所以全其心之德也。蓋心之全德，莫非天理，而亦不能不壞於人欲。故為仁者必有以勝私欲而復於禮，則事皆天理，而本心之德復全於我矣。歸，猶與也。又言一日克己復禮，則天下之人皆與其仁，極言其效之甚速而至大也。又言為仁由己而非他人所能預，又見其機之在我而無難也。日日克之，不以為難，則私欲淨盡，天理流行，而仁不可勝用矣。目，條件也。顏淵聞夫子之言，則於天理人欲之際，已叛然矣，故不復有所疑問，而直請其條目也。非禮者，己之私也。勿者，禁止之辭。是人心之所以為主，而勝私復禮之機也。私

克己就是控制自身情欲，使事事合理，具體的說，就是「非禮勿視，非禮勿聽，非禮勿言，非禮勿動」。從生活的層面看，禮的內容包羅萬象，人類在人間世的「食、衣、住、行」和日常待人接物的規則以及人倫生活中的孝慈、友悌、恭舜、愛敬等，全都是禮的表現。[二十]所以《禮記．冠義》上說：「凡人之所以為人者，禮義也。禮義之始，在於正容體、齊顏色、順辭令。容體正，顏色齊，辭令順，而后禮義備。以正君臣、親父子、和長幼。君臣正，父子親，長幼和，而后禮義立。」說明了先王制定禮義，成為人民行為的規範。其本出於君臣、父子、長幼尊卑之間，其詳見於儀章度數、周旋曲折之際，使人民的言行舉止，能循規蹈矩，態度端莊合宜，說話恭順有禮，進而使「父子有親、君臣有義、長幼有序、夫婦有別、朋友有信。」五倫齊備，如此禮義的基礎才算建立好。所以《禮記．坊記》說：「禮者，因人之情，而為之節文，以為民坊者也。」禮是順應著人的常情而制定的禮節儀文，用作人民的規範，因此只要人人懂得克己復禮之道，定能化暴戾為祥和，使社會風氣更加淳厚，人心更加善良。

勝，則動容周旋無不中禮，而日用之間，莫非天理之流行矣。事，如事事之事。請事斯語，顏子默識其理，又自知其力有以勝之，故直以為己任而不疑也。」，頁一三二。

[二十] 蔡仁厚《孔子的生命境界—儒學的反思與開展》貳、〈詩、禮、樂與文化生命〉，頁二七。

四、由因革損益豁顯文化意識

禮之內容，根據《禮記・昏義》上說：「夫禮始於冠，本於昏，重於喪祭，尊於朝聘，和於射鄉，此禮之大體也。」[二十一]《文獻通考》自序說：「古者經禮禮儀曰三百，蓋無有能知其節目之詳者矣。然總共凡有五，曰：吉、凶、軍、賓、嘉。舉其大有六：冠、昏、喪、祭、鄉、相見。此先王制禮之大略也。」由上述可知，古代制禮的原則，就是周公所制定的「吉、凶、軍、賓、嘉」五禮及「父子有親、君臣有義、夫婦有別、長幼有序、朋友有信」等五倫，作為人民日常生活的軌道，以化民成俗。

茲舉《論語》所述為例：

> 子張問：「十世可知也？」子曰：「殷因於夏禮，所損益，可知也；周因於殷禮，所損益，可知也；其或繼周者，雖百世可知也。」[二十二]《論語・為政》

二十一　孫希旦《禮記集解》：「鄭氏曰：『始，猶根也，本，猶幹也。鄉，鄉飲酒。』愚謂鄉射謂鄉飲酒及鄉射二禮也。」，頁六九九。

二十二　朱熹《四書章句集註》〈論語集注卷一〉：「馬氏曰：『所因，謂三綱五常。所損益，謂文質三統。』愚按：三綱，謂：君為臣綱，父為子綱，夫為妻綱。五常，謂：仁、義、禮、智、信。文質：謂：夏尚忠，商尚質，周尚文。三統：謂：夏正建寅為人統，商正建丑為地統，周正建子為天統。」，頁五九。

孔子說明夏商周三代，都因襲前代的禮制而有所增減，將來繼承周代而起的朝代，即使是一百年以後的事，仍然是可以預先知道的，可見歷史文化的傳承，是代代相傳，綿延不斷的。[二十三]孔子又說：「周監於二代，郁郁乎文哉！吾從周。」周代的禮樂制度，是斟酌損益夏商兩代而加以修訂的，因為周代的禮樂制度文彩斐然，所以孔子除了正面肯定周代禮樂制度的價值，並且表示自己可以傳承歷史文化，目的是重振禮樂教化所蘊涵的本質—仁心，來重建天下社會的秩序。

陳蘭甫《東塾讀書記》上說：「《論語》言禮者凡四十餘章，自視聽言動，與凡事親、教子、事君、使臣、使民、為國，莫不以禮。其所以為禮者，曰敬、曰讓、曰約、曰節之、曰文之，其本在儉，其用在和，而先之以仁之守、義之質、學之薄；先進後進不同，則從先禮；禮雖廢而猶愛之，夏殷禮不足徵，而猶能言之；射不主皮語，則述儀禮之文也；鄉黨一篇，則皆禮記之類也。論語之言禮，至博至精，探索之而靡盡也。」（卷二，頁十三）由上述可知，孔子立教以禮為根本。

《詩經．大雅．文王篇》上說：「周雖舊邦，其命維新。」說明孔子傳承周公制禮作樂的精神，企盼將這潛德幽光 加以發揚光大，成為文化創造的動力，使人民有道揆法守，指點人民精神生活的途徑。所以《禮記．樂記》說：「五帝殊時，不相沿樂；三王異世，不相襲禮。」[二十四]說明文化的傳承，

二十三 王邦雄、曾昭旭、楊祖漢《論語義理疏解》（文化的搏造）（臺北：鵝湖月刊社，一九八三年一月），頁二八一。

二十四 孫希旦《禮記集解》：「鄭氏曰：『樂之文，五帝未嘗相沿。禮之事，三王不必相襲，以其非禮樂之本，故也。帝王皆有禮樂，於五帝言樂於三王，言禮互文也。樂失其本，而致飾於聲容之盛，則反害於和樂之正，而至於憂矣。禮失其本，而徒務乎儀物之粗，則不根於忠信之實，而失之偏矣。』」，頁四八九。

是隨時代而進展的，應該推陳出新，文化的演進發展，必然是前有所承，後有所開，所以揭示「時中」之義。「中」是不變的常道，是經；「時」是應變的原則，是權。儒家之學，有經有權，有常有變，儒家思想以「常理常道」為本質，以「心同理同」為歸趨，而且它還有一個「因革損益」的「時中」之道，所以永遠可以「守經以通權利，守常以應變」，以打開一條發展的道路。[二十五]子以「述而不作，信而好古」的態度來發揚光大周代的禮樂制度，並且說：「君子之於天下也；無適也、無莫也、義之與比。」（《論語．里仁篇》），可見君子對於天下事物的處理態度，不要固執己見，只求適宜合理，足證孔子因革損益周代的禮樂制度，為天地立心，為生民立命，為往聖繼絕學的苦心孤詣，值得我們敬佩不已。

第三節　樂之涵蘊：中和

展閱歷史的長河，可知我國音樂教育的建立，由來久矣。根據文獻的記載，早在五帝之世，已有禮樂教化的施行。今文《尚書．堯典》說：「舜命夔典樂教胄子」；《史記》作「教稚子」；說文作：「教育子」，王引之解釋說：「謹案：育子、稚子也。……內則曰：十有三年學樂誦詩舞勺成童舞象。

二十五　蔡仁厚《儒學的常與變》肆、〈中國現代化的綱領與層次〉，頁七三。

是入學習樂，在未冠之時。凡未冠者通謂之稚子。」《經義述聞．尚書上》足見上古時代青少年自幼即接受音樂教育的薰陶，[二十六]所以《禮記．經解》說：「廣博易良，樂教也。」這句話充份顯示了音樂有潛移默化，陶冶心性的功效。

古代禮樂並稱，因為祭神之禮，有一定之祭拜儀式，尚有樂舞以迎神、娛神、送神。禮與樂本是相互為用的，所以聖王制禮作樂，與民俗民風有關。《周易．賁卦》〈彖傳〉上說：「觀乎天文，以察時變；觀乎人文，以化成天下。」[二十七]觀察天文，可以察知時代的變化；觀察人文，可以推行教化促成天下昌明。所以《禮記．樂記》上說：「樂也者，聖人之所樂也，而可以善民心，其感人深，其移風易俗，故先王著其教焉。」正說明了音樂可以改善人心，移風易俗，從禮樂的推廣與流行，可以觀察民風的淳厚與澆薄，所以古代的賢君特別注意樂教的功效。

《尚書》中記載舜命夔典樂之事，其中說：「帝曰：『夔，命汝典樂，教冑子。直而溫，寬而栗，剛而無虐，簡而無傲。詩言志，歌詠言，聲依永，律和聲。八音克諧，無相奪倫，神人以和。』」這段記載可說是我國樂教之始，說明舜帝命令夔掌管音樂教育，來教導天子及卿大夫的長子，因為音樂可以陶冶人的情性，使人正直而溫和，寬大而敬謹，剛強而不苛虐，簡易而不倨傲。在古代，樂教的

[二十六] 徐復觀《中國藝術精神》第一章〈由音樂探索孔子的藝術精神〉第一節〈我國古代以音樂為中心的教育〉（臺北：學生書局，一九九六年二月），頁二。

[二十七] 程頤《易程傳》卷三：「人文人理之倫序，觀人文以教化天下，天【一無天字】下【一無下字】成其禮俗，乃聖人用賁之道也。賁之象，取山下有火，又取卦變，柔來文剛，剛上文柔。」（臺北，文津出版社，七六年六月），頁一九七。

觀念與帝王的政治之績有密切關係，所以《禮記．樂記》上說：「治世之音安以樂，其政和。亂世之音怨以怒，其政乖。亡國之音哀以思，其民困。聲音之道，與政通矣。」說明太平盛世政治安和，所以奏出安祥而愉快的音樂；亂世因為政治的乖舛，所以奏出怨歎而忿恨的音樂；國家滅亡人民流離困苦，所以奏出悲哀而愁思的音樂，由此可見音樂的興起，一方面有教化人民的目的，一方面也可以了解社會風氣與政治之得失，為政者對於樂教的推展，豈能不慎。茲舉《論語》所述為證：

子謂：「韶，盡美矣！又盡善也。武，盡美矣！未盡善也。」《論語．八佾》

「子在齊，聞韶，三月不知肉味，曰：『不圖為樂之至於斯也！』」《論語．述而篇》

「韶」是舜樂，「武」是武王之樂，朱熹注解說：「美者，聲容之盛；善者，美之實也。」說明韶武之樂，在音樂的形式上，也就是說在聲音節奏上，都是很美的；但在音樂的內容上，韶所表示的是舜的德化，可說是無一不善，武所表示的是武王的德業，由於天下是由武力得來，就不能盡善了！孔子對於韶武的欣賞，不僅衡量到它們形式的美與不美，而且還衡量到它們內容的盡善與不盡善，這正是欣賞音樂的正途。當他聽到形式無一不美、內容無一不善的韶樂時，他竟至「三月不知肉味」，

為什麼說舜之樂盡善盡美，而武王之樂盡美而未盡善？[二十八]因為舜樂表彰舜有德，接受堯的禪讓，恭己正南面而天下大治，其後又不私天下，讓位給禹，這種大公無私的精神，最為孔子所贊美，推為盡善。而武王的音樂，表彰武王討伐商紂王的事蹟，不免有殺伐之氣而薄於仁，故未盡善。[二十九]《書經‧堯典》對舜樂大加讚美說：『八音克諧，無相奪倫，神人以和。』，因為堯舜的仁愛精神，融透到韶樂中，形成了與樂的形式完全融合統一的內容[三十]，可見孔子評論音樂的標準是以美善合一為最高境界，音樂具有感人至深的特點，它在進行移風易俗，道德教化的過程中，往往深受聖明君王的重視。

茲以《論語》所述為例：

子曰：「師摯之始，關雎之亂，洋洋乎盈耳哉！」《論語‧泰伯》

子曰：「關雎，樂而不淫，哀而不傷。」《論語‧八佾》

「始」，指樂之始，「亂」指樂之終；從樂曲開始演奏到節束時演奏關雎而達到高潮，孔子深知音樂對社會人心影響的重大，因此在提倡樂教時，明白的指出雅樂應具有中和之美，所以太師摯演奏

二十八 高明《孔學管窺》〈孔子的樂教〉（臺北：廣文書局，六一年），頁一四〇。

二十九 林義正《孔子學說探微》〈論孔子思想的基本格式〉（臺北：東大圖書司，七六年），頁一四。

三十 徐復觀《中國藝術精神》第一章〈由音樂探索孔子的藝術精神〉第五節〈仁與樂的統一〉，頁一五。

《詩經．國風周南．關雎篇》，表現出「樂而不淫，哀而不傷」的境界，優美的樂聲餘音繞樑不絕於耳，可以收到良好的教化效果。所以《禮記．樂記》上說：「樂行而倫清，耳目聰明，血氣和平，移風易俗，天下皆寧。」說明音樂的演奏，倫理井然，使人耳目一新，心平氣和，可以達到移風易俗的功效。

《中庸》上也說：「喜、怒、哀、樂之未發，謂之中，發而皆中節，謂之和。中也者，天下之大本也，和也者，天下之達道也。致中和，天地位焉，萬物育焉。」「中和」是音樂國度中的最終目標，所謂「和」，曾昭旭教授認為：「生命的本質與原理，即為和。和之最高理想，若落到美學的層次而言，一為形式與內涵的合一，即『文質彬彬』；一為藝術生命與道德生命之凝成，即「美善合一」。」「和」，並非指一種靜態的平衡，而是指一種在動變中隨處體現圓融合一境界的修養工夫。[三十一]由上述可知儒家樂教的宗旨，就是要達到中和的目標。孔子說：「廣博易良，樂教也。」《禮記．經解》可見通過音樂藝術的點染，才可以使人心性平和，社會更風氣淳樸祥和。

[三十一] 曾昭旭《充實與虛靈——中國美學初論》（臺北，漢光出版社）頁二七——三五。

第四節　樂之根源意識

一、個體生命原創之根源

論音樂之起源，根據《呂覽．古樂篇》所記載：「昔葛天氏之樂，三人操牛尾，投足而歌八闋。」說明在原始社會，音樂歌舞已相當普及。音樂是人類思想情感的表現，所以喜怒哀樂各種不同的思想感情，便會通過不同形式的音樂表現出來，發而成為各種藝術形式之創造。所以《禮記．樂記》上說：「凡音之起，由人心生也，人心之動，物使之然也。感於物而動，故形於聲。聲相應，故生變，變成方，謂之音；比音而樂之，及干戚羽旄，謂之樂。」[三十二]由上述可知，凡是聲音的發作，都是起源於人心的活動。音樂是由人的內心受到外物所感而產生，因為反應不同，所以發出的聲音也不一樣，再配合上樂器及跳舞的道具，就形成音樂。孔子對音樂有深入的研究，並且以音樂的感化功能施之於教育上。茲舉孔子所說為例：

[三十二] 孫希旦《禮記集解》：「承天之道者，本其自然之秩序，禮之體，所以立也。治人之情者，示以一定之儀，則禮之用，所以行也。禮者，人之所恃以生，失禮則亡，其所以生矣。殽，效也。應氏鏞曰：『禮之大原出於天，故推其所自出而本之，效法之謂也，故因其成法而效之，列於鬼神，充塞乾坤，昭布森列，而不可遺，達於喪祭射御冠昏朝聘，人道交際，周流上下而無不通，效法於天地鬼神者，所以承天之道，達於天下國家者，所以治人情。』」頁四八一。

子曰：「志於道，據於德，依於仁，游於藝。」[三十三]《論語・述而篇》

孔子認為人生於世，除了立志向道，敦品勵學之外，還必須以藝術來陶冶心性，而「藝」含蘊了「禮、樂、射、御、書、數」六藝。在詩書禮樂的潤澤陶養中，用以興發人的心志，穩立人生的方向，成就高尚的德行，以開展人間的禮文教化，實現圓滿的人格。[三十四]《禮記・樂記》則進一步說明「樂」之所以可作為生命美感之表現形式，乃基於「樂象德」、「樂章德」的特質，說明制作音樂是為了表彰德性。孫希旦《禮記集解》解析說：「性在於中，而發而為德。德者，性之端緒也。德不可見，而象之為樂。樂者，德之光華也。」說明音樂的制作，是為了表彰人類的德性，「音樂」具有與生命本質相類似的特質，就是「節奏性」的意思。生命本質的「性」為靜，其節奏性乃表現在生生不已的「德」上；「德」的創生性是抽象的概念，具體落實在「樂」的形式節奏上。上段文字所述，正說明了「樂」由形式表現，直揭示生命創造不已的奧秘。音樂的形式與生命的性德兩者之間，是相輔相成的。就中國美學思想而言，音樂之本質，在強調「樂」之象德作用後，在發揮生命圓融之美善。

[三十三] 朱熹《四書章句集註》〈論語集注卷四〉：「志者，心之所志之謂。道，則人倫日用之間所當行者是也。知此而心必之焉，則所適者正，而無他歧之惑矣。據者，執守之意。德者，得也，得其道（一）於心而不失之謂也。得之於心而守之不失，則終始惟一，而有日新之功矣。依者，不違之謂。仁，則私欲盡去而心德之全也。功夫至此而無終食之違，則存養之熟，無適而非天理之流行矣。游者，玩物適情之謂。藝，則禮樂之文，射、御、書、數之法，皆至理所寓，而日用之不可闕者也。朝夕游焉，以博其義理之趣，則應務有餘，而心亦無所放矣。此章言人之為學當如是也。」頁九四。

[三十四] 王邦雄、曾昭旭、楊祖漢《論語義理疏解》〈人生的理想〉，頁六。

《禮記．樂記》又說：「樂，樂其所自生。」可見音樂是人們內在歡娛心情的表現，樂由心生，人心感於物而動，於是創造聲音，聲音是音樂表現在外的形式，所以能傳達作樂者喜、怒、哀、樂的情感。由個體生命所表現於音樂的情感，就是人類普遍的情感概念。因此由「音樂」不僅可以觀察個體生命之美惡，更進一步可以體察社會風俗之良窳。[三十五]所以孟子說：「仁言，不如仁聲之入人深也，善政，不如善教之得民也。善政，民畏之；善教，民愛之。善政，得民財；善教，得民心。」[三十六]《孟子．盡心上》趙歧加以注解說：「仁聲，樂聲，雅頌也。」說明君王施行政令及法度的言教，不如音樂教化可以收到潛移默化、感動人心的功效，這的確是中肯的言論。

二、道德性體之實踐

孔子的樂教思想，對後代有深遠的影響，莫過於「以樂修身，以樂治國」的理想。所謂「樂以治心」，實際上是說明音樂具有道德教化的作用，所以《禮記．樂記》上說：「樂也者，聖之所樂也，而可以善民心；其感人深，其移風易俗，故先王著其教焉。」說明聖明的君王喜歡音樂，因為美善的

[三十五] 林素玟《禮記人文美學探究》《禮記》〈文化美學：群體社會之禮樂生活〉（臺北：文津出版社，二〇〇一年一〇月），頁一八九、一九〇。

[三十六] 朱熹《四書章句集註》〈孟子集注卷十三〉：「程子曰：『仁言，謂以仁厚之言加於民。仁聲，謂仁聞，謂有仁之實，而為眾所稱道者也，此尤見仁德之昭著，故其感人尤深也。』政，謂法度禁令，所以制其外也。教，謂道德齊禮，所以格其心也。得民財者，百姓足而君無不足也；得民心者，不遺其親，不後其君也。」，頁三五三。

音樂，可以深入人心，改革風俗，端正政風，所以聖明的君王注重樂教的推展。茲舉《論語》所述，說明如下：

子曰『興於詩，立於禮，成於樂。』」《論語．泰伯》

以上所述，是孔子在教育上施教的次序，詩禮與樂固然並重，而成就卻在樂教上。朱喜解釋說：「詩本性情，有邪有正，其為言易知；而吟詠之間，抑揚反覆，其感人又易入。故學者之初，所以興起其好善惡惡之心，而不能自已者，必然此而得之。禮以恭敬辭讓為本，而有節文度數之詳，可以固人肌膚之會，筋骸之束。故學者之中，所以能卓然自立，而不為事物所搖奪者，必於此而得之。樂有五聲十二律，更唱迭和，以為歌舞八音之節，可以養人之性情，而蕩條其邪穢，消融其渣滓，故學者之終，所以至於義精仁熟，而自和順於道德者，必於此而得之是學之成也。」《論語集註》朱熹對音樂在教育上的重要性做了十分扼要的說明，孔子提出了「樂」的重要，居於「成」的地位，學詩學禮之後，必以樂成之，孔子把樂安置在禮的定位上，認定音樂的修養才是人格完成的境界，這是孔子立教的宗旨。

人類的行為，出之於天性，發而為感情，表現於儀文節目的是「禮」，表現於語言辭藻的是「詩」，表現於聲音節奏的是「樂」。詩、禮、樂原本是人類情性的表現，後來教育家卻又用來作為陶冶人類情性的工具。從詩的語言辭藻裏，可以激發人的心志，陶冶心性，培養溫柔敦厚的氣質。從禮的儀文節目裏，可以使人循規蹈矩，舉止合宜，樹立恭儉莊敬的風範。從樂的聲音節奏裏，可以使人有所陶鎔，或化乖戾為祥和，或化苦悶為愉悅，以培養完美的人格，所以孔子說：「興於詩，立於禮，成於樂。」這正是從詩、禮、樂的教育作用來說的。我們既然知道，樂教的作用，在藉聲音節奏，陶鎔人們的情性，以修養完美的人格。所以《論語．八佾篇》記載：

子曰：「人而不仁，如禮何？人而不仁，如樂何？」

孔子說明音樂如果只注重外在的樂器演奏，而沒有內在的精神，可以說是沒有掌握到音樂的真諦。孔子認為音樂的本質就是「仁」，禮樂都必須以「仁」為根本。「仁」字从人二，正表示人與人的關係要達到最圓滿的境界，唯有人與人彼此相愛，纔合乎孔子所說的「仁者愛人」的真諦，才能彰顯「父子有親，君臣有義，夫婦有別，長幼有序，朋友有信。」五倫之道。所以《荀子．樂論》篇上說：「樂者，聖人之所樂也，而可以善民心。其感人深，其移風易俗。」說明透過禮樂教化的薰陶，可以陶冶人們的內在心靈，蕩滌邪穢，消融渣滓，而趨於中正平和，養成善良的德性，以建立完美的人格。

三、萬物和諧之體現

孔子認為音樂的真諦，超乎鐘鼓樂器之上，音樂根本的目的，在表現與陶冶人類正常的情性。所以《禮記．樂記》上說：「樂者，天地之和也；禮者，天地之序也。和故百物皆化，序故群物皆別。」說明音樂是自然和諧的表現，因為和諧，所以能夠化育萬物生生不息。孔子讚賞古樂的演奏井然有序，如下：

> 子語魯太師樂，曰：「樂其可知也。始作，翕如也；從之，純如也，皦如也。以成。」《禮記．樂記》

孔子慨嘆當時禮崩樂壞，所以告訴魯國的樂官，音樂的演奏，開始時是五音六律的合奏，中間經過鐘聲、樂聲、歌聲，純正、和諧抑揚頓挫的聲調，大小相讓，節奏分明，時而純一和諧，接著明朗清晰，洋洋乎盈耳，令人心曠神怡，演奏完畢，餘音裊裊，不絕於耳。[三十七]孔子愛好音樂，而且精通樂理、樂曲，對於樂教的推廣更是不遺餘力。根據《論語．子罕篇》記載：

[三十七] 姚式川《論語體認》第三章〈施教〉（臺北：東大圖書公司，八二年一一月），頁二九一。

子曰：『吾自衛返魯，然後樂正，雅頌各得其所。』

古來詩樂舞三者原是「三位一體」，不可分的。這裏以「雅頌各得其所」說明「樂正」，「雅」、「頌」是詩的六義中之二種，而稱之為「樂」，可見古來詩樂是一體的，詩是樂的語言詞藻，樂是詩的聲音節奏。音樂的根本目的，在陶冶人類正常的情性，以培養「和順高雅」的氣質，進而提昇個人的道德修養。所謂「雅樂」就是指先王的正統音樂（廟堂音樂）而言，它與當時的流行歌曲——「鄭聲」是截然不同的。

孔子生在禮崩樂壞的時代，雅樂為鄭聲所亂，所以孔子對於鄭聲最為深惡痛絕。孔子曾說：「惡紫之奪朱也，惡鄭聲之亂雅樂也，惡利口之覆邦家者。」《論語．陽貨篇》孔子甚至主張「放鄭聲，遠佞人」。放是禁絕的意思。為什麼孔子要禁絕鄭聲呢？他說：「鄭聲淫，佞人殆。」《論語．衛靈公篇》淫，是邪淫，放縱淫濫而無節制的意思。鄭國的音樂，放縱淫濫而無節制，所表現的情性是邪淫不正常的，對社會人群有害而無益的，足以墮毀人們的人格，所以孔子要討厭它，要禁絕它。孔子知道音樂對於人類社會影響深遠，純正的「雅樂」可以收到潛移默化的教化效果，而邪淫的「鄭聲」反而會陷溺人心[三十八]，因此孔子力挽狂瀾，積極從事「正樂」的工作。

[三十八] 高明《孔學管窺》〈孔子的樂教〉，頁一三七。

孔子推行音樂教育，使舉國上下都受到音樂的陶冶，以修養美善高雅的人格，建構瀰漫著仁愛精神的社會。在《論語．先進篇》中，孔子問曾皙說：

「點，爾何如？」鼓瑟希，鏗爾，舍瑟而作，對曰：「異乎三子者之撰。」子曰：「何傷乎？亦各言其志也。」曰：「莫春者，春服既成，冠者五六人，童子六七人，浴乎沂，風乎舞雩，詠而歸。」夫子喟然歎曰：「吾與點也。」

朱熹解析說：「曾點之學，蓋有以見夫人欲盡處，天理流行，隨處充滿，無稍欠缺。故其動靜之際，從容如此。而其胸次悠然，直與天地萬物上下同流，各得其所之妙，隱然自見於言外。視三子之規規於事為之末者，其氣象不侔矣。故夫子嘆息而深許之。」《論語集註》孔子是主張藝術與道德應該和諧統一的，樂由中出，禮自外作，曾點在表明心志時，描述出「浴乎沂，風乎舞雩，詠而歸」的情景，暮春三月，春暖花開，五六個成人與六七個童子結伴出遊，到沂水邊洗澡，到舞雩下乘涼，沐浴著溫暖的陽光，欣賞大自然的美景，然後大家一起唱著歌回家，這是一幅多麼吸引人的春遊畫面，顯現出安寧平和的世界，與孔子主張「仁」的道德情境相符合，因此孔子喟然深許之。

由上述可見，孔子寬容博厚，活潑善轉的心懷，在周遊列國回到魯國，已經歷盡人間的艱辛，並且慨嘆大道不行。因此他在這裡稱讚曾點，實則是當機以曾點所顯示的境界來警惕子路、冉有、公西華，理想的治國理念，應該植基於充實盛美的文明教化，而非消極的撥亂反正的行動。[三十九]《禮記．樂記》上說：「樂行而倫清，耳目聰明，血氣和平，移風易俗，天下皆寧。」說明當音樂演奏時，各種物類倫秩清美，可以使人耳目聰明，心平氣和，進而達到德性圓成，生命美善的境界；就群體文化而言，音樂藝術一旦遍行於社會，就可以達到移易風俗，使民心淳厚，天下祥和的境界。[四十]由此可知，音樂教化的目的，就是要實踐「仁德」。

孔子重視美善的音樂，並且說：「人而不仁，如樂何？」《論語．八佾》把音樂列入「六藝」的教材，的確是用心良苦。孔子身為人師，主張因材施教，因此對於禮樂教化，也因人而異，門人弟子各有體悟，視為修己治人的基石。例如，子路問成人，孔子回答說：「若臧武仲之知，公綽之不欲；卞莊子之勇，冉求之藝。文之以禮樂，亦可以為成人矣。」[四十一]〈憲問篇〉孔子認為應該具備「智慧、不欲、勇敢、技藝」等智能，然後加上禮樂的薰陶，才可以稱得上是人格完備的人，由此可知孔子立教的宗旨，是期盼學生能夠朝智勇雙全，才智兼備，廉潔公正等目標勇往邁進。

[三十九] 王邦雄、曾昭旭、楊祖漢《論語義理疏解》〈文化的摶造〉，頁二八一。

[四十] 同上註，頁二八一。

[四十一] 朱熹《四書章句集註》〈論語集注卷七〉：「成人，猶言全人，言此兼四子之長，則知足以窮理，廉足以養心，勇足以力行，藝足以泛應，而又節之以禮，和之以樂，使德成於內，而文見乎外。則材全德備，渾然不見一善成名之跡，中正和樂，粹然無復偏倚駁雜之蔽，而其為人也亦成矣。」，頁一五一。

第六章　論孔子禮樂觀深化人性之啟示

中華文化，經緯萬端，源遠流長，孔子猶如一顆慧星，在歷史道統的傳承、禮樂教化的推展上，深廣而永恆，成為人們「內在人格世界的醒豁」及「普遍人間善化」的典範，並且將禮樂的本質統攝於內心的仁德，來教育弟子。[一]孔子推行禮樂教化，固然是要啟發弟子們仁心的自覺，來實現人文教化的理想，期盼經由禮文樂教的涵養轉化，以呈顯出個人優雅的氣質生命。[二]茲述禮樂深化人性之啟示，如下：

第一節　從良知的自覺彰顯中和美善的人格修養

孔子之時，天下禮樂早已大亂，郁郁乎禮樂的社會，已失去統治良久。所以孔子批評季氏的違禮說：「八佾舞於庭，是可忍也，孰不可忍也？」「三家者，以雍徹。子曰：『相為辟公，天子穆穆。』奚取於三家之堂？」〈八佾篇〉孔子觀而有感，譏諷魯大夫孟孫、叔孫、季孫的僭用周天子的祭禮，

一　蔡仁厚《孔孟荀哲學》第二章〈孔子對文化的貢獻〉，頁四二。

二　王邦雄、曾昭旭、楊祖漢《論語義理疏解》〈氣質的成全〉，頁一五三。

在家祭撤除祭品時，竟然也歌唱起雍詩，如此肆無忌憚的行徑，讓孔子深惡痛絕，因此大聲疾呼：「人而不仁，如禮何？人而不仁，如樂何？」〈八佾篇〉認為聖人要作樂以應天，制禮以配地；使天地萬物和諧。由《論語》的記載，可以知道孔子的禮樂教化，目的是要啟發弟子們的仁心自覺，經由下學而上契於天道，以實現人文教化的理想。[三]茲舉《論語》所述為例：

孟懿子問孝。子曰：『無違。』樊遲御，子告之曰：「孟孫問孝於我，我對曰：『無違。』樊遲曰：『何謂也？』子曰：『生，事之以禮；死，葬之以禮，祭之以禮。』」《論語．為政篇》

孔子闡釋孝道的真諦，必須以禮為指導原則，為人子女事奉父母盡孝道，必須要做到「大孝尊親，其次不辱，其下能養」《大戴禮記．曾子大孝》的理想目標。承歡膝下，使父母能夠頤養天年；父母死後，在安葬、祭祀方面都要盡禮。所以孔子說：「仁者，人也；親親為大。義者，宜也；尊賢為大。親親之殺，尊賢之等，禮所生也。」《禮記．中庸》說明仁是人性的表現，其中以親愛自己的親人最為重要；而義就是合宜的行為，其中以尊重賢人最為重要。親愛自己的親族，有親疏的差別，尊重賢

[三] 同上註，頁一五三。

人，也有高下的等級，禮就是由此而產生，孔子論禮的基本觀點，是在講孝。他明顯的指出，孝悌之道，是彰顯仁心的最初表現，也是人的真實生命、真性情的流露，一旦反求諸己，便當下即是。

孔子讚美武王、周公說：「武王、周公，其達孝矣乎！夫孝者：善繼人之志，善述人之事者也。春秋修其祖廟，陳其宗器，設其裳衣，薦其時食。宗廟之禮，所以序昭穆也；序爵，所以辨貴賤也；序事，所以辨賢也；旅酬下為上，所以逮賤也；燕毛，所以序齒也。踐其位，行其禮，奏其樂，敬其所尊，愛其所親，事死如事生，事亡如事存，孝之至也。郊社之禮，所以事上帝也；宗廟之禮，所以祀乎其先也。明乎郊社之禮、禘嘗之義，治國其如示諸掌乎！」《禮記・中庸》

孔子論述武王、周公真的是值得天下人稱讚的孝子，一方面能夠繼續完成祖先的志業，一方面能夠行宗廟及郊社之禮，由此可知，孝悌之道，是行仁的根本。孝敬天地，孝順父母，是不忘本的表現；禮與孝，乃是仁的力行，所以孔子說：「仁遠乎哉！我欲仁，斯仁至矣。」《述而》可見禮，是行仁的方法之一，講禮必須要講孝，因為孝與祖先、父母有密切的血統關係，禮是維繫這個關係存在的原動力，使民族命脈得以繼續傳承下去，也是人文教育的根源，讓為人子女從晨昏定省、賓主酬酢的禮儀中，培養中和美善的人格修養。

《禮記・儒行篇》上說：「禮節者，仁之貌也；言談者，仁之文也；歌樂者，仁之和也。」說明禮節是仁的外表，言談是仁的文章，歌樂是仁的諧和。所以子張向孔子請教施政的方法，孔子回答說：「君子明於禮樂，舉而錯之而已。」說明為人君者，只懂得禮樂的儀文形式，而不去身體力行，仍然無法化民成俗，必須政教合一。只可惜子張未能深入了解孔子話中的涵義，所以孔子又說：「師，爾以為必鋪几筵，升降的獻酬酢，然後謂之禮乎？爾以為必行綴兆，興羽篇作鐘鼓，然後謂之樂乎？言而履之，禮也；行而樂之，樂也。君子力此二者，以南面而立，夫是以天下太平也。」《禮記．仲尼燕居》孔子認為禮的重點，不是在乎禮器和祭品的鋪設，及禮文儀式的進行，而要切實篤實踐履，行而樂之禮樂的本質—仁，因此為政者，能夠推行禮樂教化，如此天下人民生活才能夠安和樂利。由此可知，推行禮樂教化，不可以本末倒置，應該將「仁道」的精神落實在人世間的禮文教化中，讓人民在心靈深處，通過道德感情的明辨省察，[四]去心領神會音樂的美善，以及豁顯出仁的本質，從而彰顯出中和美善的人格修養。

第二節　由愛人的實感培育恭儉端莊的君子風範

孔子開創我國私人教育的先河，主要的目的就是教導我們待人處世要以道德為依歸，所謂「道」就是宇宙總體的本源，「德」就是每個人內在的德性[五]，所以孔子說：「志於道，據於德，依於仁，游於藝。」《論語．述而篇》這一句話可以作為孔子倫理教育的總綱目，目的是要教導學生立志行道，

四 曾昭旭《儒家傳統與現代生活—論儒家的文化面向》〈論儒學的時代意義〉（臺北：商務印書館），頁一二〇。

五 林安梧先生《教育哲學講論》〈當前中小學教育目標的哲學思考〉（臺北：讀策文化，二〇〇〇年九月），頁六一。

追求真理，通過禮樂的教化來涵養心靈及內在自覺，經由仁德的修養，以奠定生命的方向，開啟人生康莊大道[六]。孔子認為人生於世，除了立志向道，敦品勵學之外，還必須以藝術來陶冶心性，而「藝」含蘊了「禮、樂、射、御、書、數」六藝。在詩書禮樂的潤澤陶養中，用以興發人的心志，穩立人生的方向，成就高尚的德行，以開展人間的禮文教化，實現圓滿的人格。[七]孔子重視禮樂教，並且認為禮樂教化能促進人與人關係的圓滿，可以作為人格修養的憑藉，所以《論語．季氏篇》記載：

子曰：「不學詩，無以言。不學禮，無以立。」
（節錄陳亢問伯魚曰：「子亦有異聞乎？」）

孔子勉勵兒子學詩學禮，因為詩教對個人的品德有莫大的作用，如、孔子說：「詩可以興，可以觀，可以群，可以怨；邇之事父，遠之事君；多識於鳥獸草木之名。」《論語．陽貨》可見學詩的益處，從陶冶個人的情性，激勵人的志氣，與人和睦相處，推而廣之，到懂得孝順父母、盡忠國君，以及增進對鳥獸草木的認知能力。詩教的內容，稱得上在是苞蘊宏富。而禮教的宗標，教人恭、儉、莊、敬，這是每個人立身處世的根本修養。歷經時代的更迭，維繫人際關係的禮制，雖然會隨著時代的變

六　同上註，頁六一。
七　王邦雄、曾昭旭、楊祖漢《論語義理疏解》〈人生的理想〉，頁六。

遷而有所變革，但是某些必須共同遵守的行為準則和道德規範，仍然是亙古不變的。而且在當時孔子開創私學的目的，就是為了培育才德兼備的治世能人，為國家社會推行仁政德治，因此從政者也必須懂得「進退周旋」的禮儀。[八]可見，「不學禮，無以立」的涵蘊，可說是用意深長，耐人尋味的。

詩、禮、樂三者，原是有很密切關係的。從詩的語言辭藻裏，可以啟發人的心志，培養溫柔敦厚的氣質。從禮的儀文節目裏，可以引領人們循規蹈矩，培養恭儉莊敬的風範，從樂的聲音節奏裏，可以陶鎔人的情性，化乖戾為祥和，化苦悶為愉悅，以培養中和美善的人格。《史記．孔子世家》上說：「《詩》三百五篇，孔子皆弦歌之」，說明經孔子整理過的《詩經》三百五篇，都是由孔子配了樂譜，可以按樂譜演奏歌唱的。這正是從詩、禮、樂的教育作用來說的，因此為人君者如果想要人教化民，導正社會風氣，首要之途，就是從提倡禮樂教育著手。所以《禮記．學記》上說：「君子如欲化民成俗，其必由學乎！」就是說明君主如果要化育人民，造成良好的社會風氣，一定要從教育入手，因為「玉不琢，不成器，人不學，不知道」《禮記．學記》，可見教育是百年樹人，經邦濟世的興國大計。

周代的教育，根據《禮記．王制》所敘述：「春秋教以禮樂，冬夏教以詩書」，春秋二季教導學生禮樂方面的知識，冬夏二季教導學生詩書方面的知識，國君為政的道理，首要在成就天下人民的德行人格，而培育良好的德行人格就在詩書禮樂的教化中。孔子以「文行忠信」〈述而〉教導學生，認

八 姚式川《論語體認》第三章〈施教〉，頁二八〇。

為知識與德行必須相輔相成，所以孔子說：「博學於文，約之以禮，亦可以弗畔矣夫！」〈雍也〉經由詩書禮樂的潤澤陶養，可以使人們悠遊其中，培育恭儉莊敬的人格風範，進而達到移風易俗的地步。

第三節　從人我的感通塑造仁民愛物的社會風氣

《禮記，樂記》上有句話說：「禮節民心，樂和民聲，政以行之，刑以防之，禮樂刑政，四達而不悖，則王道備矣。」由此可知，禮樂是立國的基本精神，「制禮作樂」是經國之先務，而「禮壞樂崩」必是亡國的象徵。先秦諸子之中，儒家最重視禮樂制度，所以論禮樂制度也最為詳備。

《荀子．樂論》上說：「樂也者，和之不可變者也；禮也者，理之不可易者也。樂合同，禮別異。禮樂之統，管乎人心矣！窮本極變，樂之情也；著誠去偽，禮之經也。」荀子認為禮樂為經邦濟世不可或缺的利器，樂動於內，可以調和人的心性；禮動於外，可以整飭人的行為。有禮而無樂，那麼生活容易流於枯寂而無趣；有樂而無禮，又會流為邪淫放蕩，二者必需要相輔相成，透過禮樂教化的薰陶，可以化性起偽，化民成俗。茲引《論語》所述為例：

「天下有道，則禮樂征伐自天子出；天下無道，則禮樂征伐自諸侯出」〈季氏〉

天下政治清明，那麼一切禮樂、征伐，均由天子決定，然後發佈命令，以示鄭重。自天子出，是正名分的表現；自諸侯出或自大夫出，就表示名分不正。在位者名分不正，那麼所發的政令，就無法取信於民，言行不合乎天理，不順應民意，當然事業也不易成功。因為名分不正，帶兵征伐原本就師出無名，禮樂教化的功能也自然不能彰顯。天下人民不能在仁君德化禮治中，有羞恥心並且改過遷善，僅能在政令刑施中，苟且求免除罪刑。卻不能在禮樂的人文化中，開顯內在的靈敏自覺。國家禮樂不興，君臣名分已亂，職責混沌不明，政令的頒布與刑罰的定奪，也不能與政令標準相符合，致使天下人民無所適從。這就是「民無所措手足矣。」的徵驗，因此一個在位的君子，施政的首要之途，當正名分，使人人在禮的名位中，謹守自己應盡的本分。

為政之道，首在成就天下人民的德行人格，德行人格就在詩書禮樂的教養中實踐完成。「名位不同，禮亦異數」，禮因名位不同而有異，然禮數是名位的形式表徵，重要的是，人們是否有盡到名位的實質本分。天下大亂的原因，一是每一個人偏離了他在政治社會結構中的名位，二是名位雖正，卻沒有盡到他在政治社會結構中的角色功能。正名，就是正名分，名是名位，分是本分，有名位就當盡本分，名是職，分是責，有其職就當盡其責。所以孔子說：「不在其位，不謀其政。」〈泰伯〉如果身在其位，而不謀其政，就會怠忽職守，使得國家朝政敗壞，政令不舉。[九]

[九] 王邦雄、曾昭旭、楊祖漢《論語義理疏解》〈文化的摶造〉，頁二九八—二九九。

由上述可知，孔子教導子路為政的道理，首先從正名說起；因為名分不正，說出來的話，就不順理；說話不順理，事情就做不成功；事情做不成功，禮樂教化就不能推行；禮樂教化不能推行，刑罰就不能得當；刑罰不能得當，人民就手足無措，無所適從。所謂「正名」就是要謹守自己的本分，堅守自己的工作崗位，盡責到底，如果身在其位，卻不謀其政，就有虧職守，使得朝政敗壞，社會倫理也會也會日益衰頹，甚且到「君不君、臣不臣、父不父、子不子」的地步，而禮樂教化的功能，也無法彰顯。

《禮記．經解篇》上說：「發號出令而民說，謂之和；上下相親，謂之仁。」說明國君施政要獲得民心，使人民相親愛，讓國家充滿仁愛的風氣，要達成這個理想目標，首要之途，就是人人體現具有「仁德、中和」內涵的禮樂制度，而不是徒具形式、流於繁文縟節的世俗禮樂。「禮樂」為群體生命情志之體現，屬於調節性原則；「政刑」為政治社會之約制，屬於決定性原則。在中國文化傳統中，調節性原則恆高於決定性原則[+]，主要的原因是由於「禮之教化也微，其止邪也於未形，使人日徙善遠罪而不自知也，是以先王隆之也。」《禮記．經解》說明禮的教化，不是立竿見影的，對邪惡的行為有防患未然的功效，同時可以使人在潛移默化中改邪歸正，所以聖明的君王沒有不重視禮教的。

[+] 林安梧先生《儒學與中國傳統社會之哲學省察》，轉引至林素玟《禮記人文美學探究》第四章《禮記》〈文化美學：群體社會之禮樂生活〉，頁一五七。

曾國藩說：「風俗之厚薄悉自乎，自乎一二人心之所嚮。」社會的動亂，都由於人類彼此之間不懂得「敬人者，人恆敬之；愛人者，人恆愛之」的道理，所以發揮誠敬之美德，消除爾虞我詐之行為，化性起偽，為儒家推行禮樂教化的宗旨。《禮記．樂記篇》上說：「樂者，天地之和也；禮者，天地之序也。和故百物皆化，序故群物皆別。」說明音樂是自然和諧的表現，禮是自然秩序的表現，因為和諧所以能夠生化萬物，因為有秩序，才能顯現出萬品。正說明仁德是禮樂教化的表徵，更是塑造良好的道德人格，建設和諧完善國家的圭臬。

第七章　論孔子禮樂教育思想之特質

中華文化淵源流長，而文化之承傳，胥賴教育。展閱我國漫長的教育史，可知在初期有形的教育，僅普及於貴族。教育的主要目的，在造就領袖人才，使他們熟悉領導技能，用以治理政事，統治國家。所以夏、商、周三代的教育，可以稱得上是執政者的養成教育。《孟子．滕文公篇》上說：「設為庠、序、學、校以教之。庠者，養也；校者，教也；序者，射也。夏曰校，殷曰序，周曰庠，學則三代共之；皆以明人倫也。人倫明於上，小民親於下；有王者起，必來取法，是為王者師也。」[1]說明國家設立學校來教育世襲的貴族，並且請退休的卿大夫擔任老師，來教導他們知識和人倫道德。學校教育的理念，是在雕塑一群典型有才德的君子，或為當代的君主造就人才，來匡時濟世。因此在上位的國君能夠推行仁政，上行下效，人民就自然會興起仁愛的風氣，學校教育的重要由此可見。

《禮記．學記》上說：「是故古之王者建國君民，教學為先。兌命曰：『念終始典于學，其此之謂乎？』」說明古代的國君治理國家，把教育視為當務之急，國君念茲在茲的就是如何教導人民學習知識。根據《禮記．文王世子》上記載：「凡三王教世子必以禮樂。樂，所以脩內也；禮所以脩外也。

一　宋、朱熹《四書章句集註》〈孟子集注卷五〉：「庠以養老為義，校以教民為義，序以習射為義，皆鄉學也。學，國學。共之，無異名也。倫，序也。父子有親，君臣有義，夫婦有別，長幼有序，朋友有信，此人之大倫也。」，頁二五五。

禮樂交錯於中，發形於外，是故其成也懌，恭敬而溫文。」[二]說明禮是約束行為的教育，樂是陶冶精神的教育，所以夏、商、周三王用禮樂來教導世子，來涵養世子的心性，以培養恭敬溫文的風範。

《論語正義》說：「當夫子時，學校已廢，仕焉而已者，多不任為師；夫子乃始設教於魯，以師道自任，開門授業。洙泗之間，必別有講肄之所，而非之所，而非為舊時家塾矣。」說明孔子時代，「天子失官，學在四夷。」宮廷官府未能堅守學術，以致於不能世代相傳，而流散於民間。孔子揭櫫「有教無類」的教育理念，打破「學在官府」的壟斷局面。所謂「類」，即指按社會政治地位劃分的貴賤、庶鄙等種類。在孔子以前，夏、商、西周的學校教育為世襲的貴族所壟斷，所以「有教無類」的特質是，打破貴族教育的傳統，實踐無論貧富貴賤智愚賢不肖「自行束脩以上，吾未嘗無誨焉。」的作法，於是教育對象從貴族逐漸普及到平民，擴大了學校教育的範圍。

孔子開創我國私人講學的風氣，奠定中國平民、普及教育的思想，這是中國古代教育史上具有劃時代意義的大事。橫邁古今，跨越西東，學習的天空，是無限的寬廣，兩千多年前，孔子以「有教無類，誨人不倦」的精神，引領莘莘學子，成就七十二高徒，更樹立了以儒家思想為主流的中華文化。孔子教育學生目的：一方面為實現仁政德治的理想，進而培養德才兼備的治世能人；另一方面是教人

二 孫希旦《禮記集解》：「樂發於歡欣鼓舞之情，故曰所以脩內，禮見於威儀動作之際，故曰所以脩外。然發於內者，未嘗不達於外，制於外者，乃所以養其內也。懌者，和順之意，和順矣，而又能恭敬，則和而不流也。恭敬矣，而又能溫文，則質而不野也。蓋惟禮樂之功，交養互發，故其德性之進於中和，而不倚於一偏者如此。」（臺北：蘭臺書局，六〇年五月）頁二七六。

立身處世之道，即倫理道德思想，以加強自我修養。孔子禮樂教育思想散見於《論語》、《孟子》、《荀子》及《禮記》中。茲就上述經典，來耙梳孔子禮樂教育思想之特質，如下：

第一節　個人道德方面

一、在經典的生活世界裡契入知識的融通

儒家孔孟之學，是順承中華民族文化的大流，以開顯文化理想，揭示生命方向，建立生活規範，是人們應該共同遵守的立身處世之道。[三]而儒家的經典，都是古聖賢哲生活經驗的累積，也是歷史文化的結晶，它指向一個寬廣的生活世界，引領我們與古人神交，在經典的對話錄中，使得彼此的心靈對它有一份參與及相契的感覺，進而擴展我們的視野與生命的律動。[四]孔子「刪詩書、訂禮樂、贊周易、修春秋」，不僅保存了上起唐虞、夏、商、周，下至春秋的歷史文獻，成為探索古代各個方面知識的專著，也是我國極富學術價值的瑰寶，從而賴以了解當時的政治、經濟、軍事、文化、思想、社會風習等情況。孔子以六經為教導學生的教材，其中以詩教、禮教、樂教，涵化在我們的生活世界之

三　蔡仁厚《儒學的常與變》肆〈關於中國文化基本教材〉頁二三一。
四　林安梧先生《論語—走向生活世界的儒學》第壹部〈經典與生活〉頁二八。

中，不只是典籍的融攝，而且是心性的開啟。[五]所以孔子教導他的兒子孔鯉，也是以詩、禮為急務，並且勉勵兒子說：「不學詩，無以言；不學禮，無以立」〈季氏篇〉。

茲引《禮記．經解篇》所述為例：

「入其國，其教可知也。其為人也，溫柔敦厚，《詩》教也；疏通知遠，《書》教也；廣博易良，《樂》教也；絜靜精緻，《易》教也；恭儉莊敬，《禮》教也；屬辭比事，《春秋》教也。」[六]

孔子「刪詩書，訂禮樂，贊周易，修春秋，」經過孔子精心修訂、增減、編纂等工作而完成的「六藝」，完整地保存了我國的典章制度。上起唐虞、夏、商、周三代，下至春秋時代的歷史文獻，使後代的子孫，可以藉此了解當時的政治、經濟、軍事、文化、思想、社會風俗等情況。因此，可以說：六經不僅是探索歷史文物極為珍貴的資料，更是世界上極富學術價值的瑰寶，也是我們引以為傲的民族文化的豐厚典藏！

五　同上註，頁二八。

六　見孫希旦《禮記集解》謂：「溫柔，以辭氣言，敦厚，以性情言。疏通，謂通達於政事，知遠，言能遠知帝王之事也。廣博，言其理之無不包，易良，言其情之無不順。洗心藏密，故絜靜，探賾索隱，故精微。屬辭者，連屬其辭，以月繫年，以日繫月，以事繫日也。比事者，比次列國之事而書之也。」，頁620。

孔子「以詩書禮樂教人」——《詩經》是文學性情的表現，讀詩可以興發人的情志，陶養人的性情。《尚書》記載的內容，大多是古聖先賢的嘉言懿行，研讀《尚書》可以記取歷史的教訓，承續文化的慧命，而不會重蹈覆轍。而禮與樂，更是教化人心的圭臬，二者相輔相成，缺一不可。所以荀子說：「樂合同，禮別異，禮樂之統，管乎人心矣。窮本極變，樂之情也；著誠去偽，禮之經也。」《荀子．樂論》說明禮有差等，樂要求同一，二者精神相反，但配合起來，內涵的本義，卻又能相輔相成。禮表現出倫常的秩序性，教導我們上下尊卑，長幼先後的區別，使人明辨職分本位之差異，然後能夠堅守自己的崗位，盡其職分而不違背禮。但分辨得太清楚，在人際關係上，就不免產生疏離隔閡的感覺，所以要靠音樂來合同。

「詩」、「禮」、「樂」是孔子平日教導學生的重要教材，詩歌詠人事，取喻於草木蟲魚鳥獸，極其中和之聲樂，禮乃是修己治人之儀節[七]。《禮記．樂記》上說：「詩言其志也，歌詠其聲也，舞動其容也。」古時的詩大多可以歌詠，而且加上音樂的伴奏，使人在反覆吟詠之間，興起向善的意志，所以徐復觀說：「詩教亦即樂教，此樂教之所出，此孔們『為人生而藝術』的藝術之所從出。」[八]由此可知，「詩」、「禮」、「樂」三者有密切的關係。所以孔子才會說到了一個國家，從人們言談舉止的表現，就可以看出他們受到什麼教化？如果國民具有溫柔敦厚的氣質，那就是得力於詩的教化；

七　熊公哲《荀子今註今譯》〈勸學〉（臺北，商務印書館，六四年九月），頁一〇。

八　徐復觀《中國藝術精神》第一章〈由音樂探索孔子的藝術精神〉第八節〈音樂藝術價值的根源〉，頁三三。

如果國民心胸開闊平和，那就是得力於音樂的教化；如果國民態度謙遜莊重，那就是得力於禮的教化，由此可知經由經典的啟發，可以契入知識的融通，在佈乎四體，行乎動靜後，可以培養美善的人格特質。

孔子說：「興於詩，立於禮，成於樂。」《論語．泰伯篇》孔子勉勵弟子研讀《詩經》並且說：「詩可以興，可以觀，可以群，可以怨；邇之事父，遠之事君。」〈陽貨篇〉，孔子重視詩教，論述學詩可以感發人的心志，可以考察政教的得失，可以陶冶人的心性，使人和睦相處；並且可以學習到孝順父母、盡忠國君的道理。[九]孔子認為人們的言行應該以禮為規範，禮對於人，不僅具有指導之作用，也具有節制之作用。指導之作用，在使人之行為積極的合乎規範。節制之作用，在使人之行為消極的逾越規範。所以孔子說：『恭而無禮則勞，慎而無禮則葸，勇而無禮則亂，直而無禮則絞。』」《論語．泰伯》恭敬、謹慎、勇敢、正直，都是正人君子應該具備的美德，如果不以禮來節制之，就不免流於勞累、畏懼、作亂、急切等缺點。注重禮教，可以教導學生立身處世，循規蹈矩，培養恭儉莊敬的美德。

九 宋、朱熹《四書章句集註》《論語集注卷九》：「感發志意，考見得失，和而不流，怨而不怒，人倫之道，詩無不備。二者舉重而言，其緒餘又足以資多識。」，頁一七八。

《史記．孔子世家》記載：「孔子厄於陳蔡，絕糧，從者病，莫能興，孔子講誦弦歌不輟。」[十]《孔子家語．困誓解》也記載：「孔子厄於陳蔡之間，絕糧七日，弟子餒病。孔子弦歌。子路入見曰：『夫子之歌，禮乎？』孔子弗聽。曲終而曰：『由！來！吾語汝。君子好樂，為無驕也；小人好樂，為無懾也。其誰之子不我知而從我者乎？』子路悅，援戚而舞，三終而出。明日免于厄。」在如此險惡的環境中，孔子仍然以音樂來安慰自我苦悶的精神，並且鼓舞門人，對音樂的喜愛，已經到「造次必於是，顛沛必於是」的境界。深蘊文化內涵的音樂，例如、美善合一的韶樂，就令孔子讚不絕口，並且說：「聞韶樂，三月不知肉味。」足證純正的音樂，可以使人「和順積中，英華發外。」《禮記．樂記》，並且可以陶冶人的心性，由此可知孔子藉由經典教導學生認識禮樂的重要性，並瞭解禮樂的精神內涵就是「仁道」，所以孔子說：「人而不仁，如禮何？人而不仁，如樂何？」《論語．八佾》所以通過仁的沾潤點化，禮的疏導貞定，樂的薰陶感化[十一]，契入知識的融通，才能達到圓融人格的修養。

十　日、瀧川龜太郎《史記會注考證》：「《論語．衛靈公篇》云：『在陳絕糧，從者病，莫能興。』《孟子．盡心篇》云：『君子之厄於陳蔡之間，無上下之交也。』《荀子．宥坐篇》云：『孔子南適楚，厄於陳蔡之間，七日不火食，藜羹不堪，弟子皆有飢色。……朱熹曰：『據《論語》絕糧，當去衛如陳之時，皆與史異。』全祖望曰：『當時楚與陳睦，而蔡全屬吳，遷于州來，與陳遠矣，且陳事楚，蔡事吳，則讎國矣。安得二國之大夫合謀乎？且哀公六年，吳志在滅陳，楚昭至誓死以救之，陳之仗楚何如，而敢圍其所用之人乎？乃知陳蔡兵圍之說，蓋《史記》之妄，楚昭之聘，亦為虛語。愚按崔述《洙泗考信錄》三，論之尤詳。』此章所述（又分見於《莊子山木，讓王兩篇》）頁七五六。

十一　曾昭旭《論語的人格世界》〈露才的危機〉頁二二八。

二、在生命的源頭活水中培養美善的人格

儒家的經典，猶如「生生不已，源泉滾滾，沛然莫之能禦」的活水，涵詠其中，[十二]不但可以契入知識的融通，更可以培養美善的人格。教育的學習，基本上是從最具體、實存、真實的情境生長出來的。[十三]人生活在社會裏，就得學習社會生活的規範，君子立身行事，待人治世，亦要有準則。所以孔子教育弟子們四個學習的重點：

> 子以四教：文、行、忠、信。《論語・述而》[十四]

上述舉出這孔門教育的四大綱領，也可以說是教育的中心目標，與〈述而篇〉第二十一章：「子不語：怪、力、亂、神。」互為表裡。「文、行、忠、信」四項，足以增進學生的學業智能與道德修養，所以，孔子以此為教育學生的四個重典；而怪、力、亂、神會妨害學生的學習，影響道德的修養，所以孔子不去談論它們。「文、行、忠、信」四教的教育目標為何？首先學「詩、書、易、禮、樂」

十二 林安梧先生《論語──走向生活世界的儒學》第壹部〈經典與生活〉頁七九。

十三 林安梧先生《教育哲學概論》第一章〈教育哲學的基本向度〉頁一四。

十四 劉氏正義：「文，謂詩書禮樂，凡博學、審問、慎思、明辨，皆文之教也。行，謂躬行也。中以盡心曰忠。恆有諸己曰信。人必忠信，而後可致知力行，故曰：忠信之人，可以學禮。此四者，皆教成人之法，與教弟子先行後學文不同。」頁七九。

六藝之文，悠遊涵詠於先代的典籍遺文中，足以增廣見聞，是學問的基礎也是致知的工夫。「行」的教化在使人謹守禮義，循規蹈矩，提高人民的道德素質，也是行為的履踐，力行的工夫；「忠」與「信」是個人品德心性的修養，兩者都是為人立身行事的根本，既是內心的修養，也是人格的造就，四教以德行為主。由此可見，孔子施教的目標，知識、行為和品行三方面並重。

從施教的程序說，自然以知識的吸收在先，至於行為的實踐與品德的培養，在增廣見聞之後，更容易獲致功效，所以孔子將屬於充實知識方面的「文」，列在前面，屬於行為、品德方面的「行」，與「忠」、「信」列在後面。但從教學的重點觀之，行為的實踐與品德的修養，都是做人的根本，是孔子最重視的，所以〈學而篇〉上說：「弟子入則孝，出則弟，謹而信，汎愛眾，而親仁，行有餘力，則以學文。」其中入孝、出弟、謹信、愛眾、親仁都是行為、品德方面的事，把「文」列在最後，而且要在行為的實踐、品德的修養方面完成以後，有了多餘的心力，才致力於文學的鑽研與知識的探索。

在《論語》裏，孔子要求弟子們「學禮」、「好禮」、「知禮」、「復禮」、「約之以禮」、「立於禮」。那麼孔子所謂的「禮」，究竟是指些什麼呢？我國傳統之禮制，可以分類為吉、凶、軍、賓、嘉五禮。依據現代學術的分類，古代的禮包含有政治制度、社會制度、社會習俗、宗教儀式，日常生活規範等層面，它是文化傳統的代表，內容苞蘊宏富。從禮的字義上來說，有「宜乎履行」，「合乎道理」、「體乎人情」三種。[十五]禮教，可以培育人具有恭、儉、莊、敬的美德，這是為人處世、立身於世的根本。維繫人倫關係的禮制，雖然會隨著作時代的變遷而改異，但是某些必須共同遵守的行為準則和道德規範，卻不會隨著朝代的更迭而改弦易轍，仍然是人人必須遵守的。所以孔子說：

「禮者，因人之情，而為之節文，以為民坊者也。」《禮記・坊記》

可見禮是順應人的常情而制定的節文，用作為人民言談舉止的規範。而禮的節文，為末，其根本在仁。禮的內在基礎就是「仁」、是「義」；說明人的生命要安頓於仁義之中，才能進入道德理性的理想世界，進而培養美善的人格。至於樂教方面，荀子說：「樂者，聖人所樂也。而可以善民心，其感人深，其移風易俗。故先王導之以禮樂，而民和睦。」《荀子・樂論》表示音樂不但可以陶冶人的心性，並且可以作為修養品德的樞機，更可以作為人類和睦相處的原動力，足見音樂教化是淨化社會人心的根本。古時禮樂合一，二者互為表裡，它是推動人文教化的二個重要指標。禮教是善的根源，樂教是美的基石，可見孔子以美善合一為禮樂教化的最高目標，也是君子人格圓滿的呈現。

[十五] 高明《高明孔學論叢》：「孔子所論，吉禮為詳，凶禮次之；吉禮以祭祀為主，凶禮以喪葬為主，軍、賓、嘉禮僅略及之，可知孔子所重在喪、祭也。」（臺北、黎明文化事業公司，民六七年七月初版）頁一七九。

孟子曰：「仁之實，事親是也。義之實，從兄是也。智之實，知斯二者弗去是也。禮之實，節文斯二者是也。樂之實，樂斯二者，樂則生矣；生則惡可已也？惡可已，則不知足之蹈之、手之舞之。」《孟子．離婁上》[十六]

由上述可知，孟子對孔子學說有極深入的研究和瞭解，孔子言「仁」，孟子以「仁義」並舉，「義」是包括在「仁」內。孝順父母是「仁德」的具體表現，順從兄長是「義理」的具體表現，「孝弟」為仁之根本。禮法的具體表現，是節制和文飾事親之「愛」，及從兄之「敬」；音樂的具體表現，實際上是樂「仁」，可見樂之實是「仁」，而仁之實是「事親」，就是「孝」道的表現。能深體「事親之愛」及「從兄之敬」之意，人間自然處處充滿溫情，內心歡欣無量，不知不覺隨著美善的音樂，「手舞足蹈之」。孟子在這一段話中，是把「知、義、智」，和「禮、樂」結合起來說，也證明了一切德目，都要歸結在「禮、樂」上面。孟子談道德，說仁義，都環繞著一個中心－「禮樂」，「禮樂」是從人性中發生出來的，孟子的「闢楊墨」和主張「性善」也是由人性而來，以人性做中心，才可以貫

[十六] 宋、朱熹《四書章句集註》《孟子集注卷七》：「仁主於愛，而愛莫切於事親；義主於敬，而敬莫先於從兄。故仁義之道，其用至廣，而其實不越於事親從兄之間。蓋良心之發，最為切近而精實者。有子以孝弟為為仁之本，其意亦猶此也。斯二者，指事親從兄而言。知而弗去，則見之明而守之固矣。節文，謂品節文章。樂則生矣，謂和順從容，無所勉強，事親從兄之意油然自生，如草木之有生意也。既有生意，則其暢茂條達，自有不可遏者，所謂惡可已也。其又盛，則至於手舞足蹈而不自知矣。此章言事親從兄，良心真切，天下之道，皆原於此。然必知之明而守之固，然後節之密而樂之深也。」，頁二八七。

焦循《孟子正義》：「大過，則失其節，故節之；大質，則無禮敬之容，故文之。」

通孟子整個的學說。孟子以仁義為心，禮樂為教，反覆論政，歸結到仁，發揚光大孔子禮樂教化的宗旨，雖不能說是功在當時，但對後世卻有深遠的影響，所以後人尊稱他為「亞聖」，洵不誣也。

第二節　社會倫理方面

一、在生命的點燃與照亮中傳承固有的文化

孔子的話語，不只是知識資料的累積，而是當機的指點，但必須自身去心領神會，因為經典中的知識，猶如電光石火，稍縱即逝，所以要反覆熟讀，融會貫通，確實篤行書中豁醒每個人修身養性的嘉言名句。[十七]自從孔子推動平民教育，並且提出「有教無類」、「因材施教」的教育理念教育的普及，使得平民也有受教權，打破等級，地域身份的樊籬。三千學生在孔子諄諄教誨下，不但開啟了他們智慧之窗，更點燃了他們生命火花，照亮了他們光明的前程，成就了七十二位高材生。所以林師安梧說：「教育是生命的點燃與照亮。」[十八]洵非虛言。從先秦古籍中的記載，可以得到佐證：

[十七] 曾昭旭《論語的人格世界》〈如何入論語之門〉（臺北，漢光文化事業公司，一九八二年二月），頁三八—三九。

[十八] 林安梧先生《論語—走向生活世界的儒學》第壹部〈經典與生活〉，頁九七—九八。

《史記・孔子世家》上記載：「孔子之時，周室微而禮樂廢，詩書缺。」《漢書》也說：「自黃帝下至三代，樂各有名，孔子曰：『安上治民，莫善於禮；移風易俗，莫善於樂。』二者相與竝行，周微俱壞，樂尤微眇，以音律為節，又為鄭衛所亂，故無遺法。」〈藝文志・六藝略・樂類敘錄〉「禮壞樂崩」的情形由此可以概見。在幽王被殺，平王東遷以後，父慈子孝親親之情，已經蕩然無存，君仁臣忠尊尊之制，也就維繫不住，這就是諸子百家面對因為周文疲弊，而產生的禮壞樂崩的時代。[十九]禮樂徒留形式，而實質已泯沒不存，此時的禮樂制度已告僵化，失去了美善中和的生命價值。

孔子大聲疾呼禮樂的實質精神應重於外在形式，如果兩者不能同時兼顧，那麼寧取具有實質精神的禮樂，而捨棄徒具虛文的形式。所以《論語》上記載：「子曰：『先進於禮樂，野人也。後進於禮樂，君子也。如用之，則吾從先進。』」〈先進〉[二十]由孔子「吾從先進」的一番話語，可知孔子認為質之可貴，因為後天的文采勝過先天的本質則背離根本，而禮樂的本質是什麼呢？就是性情之仁。

孔子說：「郁郁乎文哉，吾從周」〈八佾篇〉，「吾從周」，表面上看來，好像只能做個周公的繼承者，實則在根本上開發了人心之仁，不僅重建了天下的秩序，也存全繼承了夏、商、周三代以來的文化傳統，這是儒學外王事業的大開展。這一仁心的體現，對中國學術思想的發展來說，不僅是創

十九 王邦雄、曾昭旭、楊祖漢《論語義理疏解》〈文化的摶造〉，頁二七九。

二十 宋、朱熹《四書章句集註》《論語集注卷六》：程子曰：「先進於禮樂，文質得宜，今反謂之質樸，而以為野人。後進之於禮樂，文過其質，今反謂之彬彬，而以為君子。蓋周末文勝，故時人之言如此，不自知其過於文也。」

舉，更決定了整個中國歷史文化的進程與方向。此一仁心，照亮了每一個中國人的生命前程，所以說：「天不生仲尼，萬古如長夜」，洵非虛言。[二十一]

周文禮儀三百，威儀三千，堪稱人文富盛，而周文禮樂，築基於宗法封建。為了維繫周朝的禮文制度，首要之途，就是要重振周文的精神，復活周文的生命。在「刑不上大夫，禮不下庶人」的時代，孔子探索禮樂內在精神的問題，體現了人內在本有的仁心，做為周文禮樂的根基。把本來屬於貴族專利的禮樂，帶到民間。孔子傳承周公制禮作樂的精神，並且為禮樂深植人心奠下根基。

孔子對這種現象有深入的了解，所以大聲疾呼：「禮云禮云，玉帛云乎哉？樂云樂云，鐘鼓云乎哉？」〈陽貨篇〉，並提出了解決之道。孔子繼承周公的只在人文富盛的詩書禮樂，而把詩書禮樂帶到民間的則是孔子。孔子以力挽狂瀾的精神，排除萬難，針砭時弊，「刪詩書、訂禮樂、贊周易、修春秋」，以詩書禮樂為教材，並對詩樂加以訂正，而賦予禮以新的意義。在文獻上孔子奠定中國文化的基礎，並且藉此來推行他的禮文教化。[二十二]孔子認為「禮教」的重要，是要讓每個人，能如其為人，並不是用來維護統治階級的。孔子強調「正名」的根本目的，是要將「怵惕惻隱」的一體之仁，在禮

[二十一] 王邦雄、曾昭旭、楊祖漢《論語義理疏解》〈人生的理想〉，頁六。「周公禮樂，本來是貴族生活的軌道，到了孔子，轉為平民生活的規範。「道之以政，齊之以刑」，是禮不下庶人的治道，而以政令刑施來治理老百姓，「道之以德，齊之以禮」，則是禮下庶人的治道，以德化禮治來教化人民。「之」，皆指天下人民而言。故這一章的真實意涵，不在儒法之爭，而在孔子對周文階級統治的反抗與扭轉。」

[二十二] 徐復觀《中國人性論史—先秦篇》第三章〈以禮為中心的人文世紀之出現及宗教之人文化〉，頁七六。

樂教化名正言順的狀況下，施行開來，那麼刑罰才能夠得當，通過正名的步驟，才能推展出理想的政治來。[二十三]在文化上面臨周文疲弊的問題，孔子提出了仁，以濟禮之僵化，期盼恢復文化的生機。

「仁」字从人二，正表示人與人的關係達到圓滿美善的境界，唯有人與人彼此相愛，纔能達到父子相愛，不失父慈子孝之道；兄弟相愛，不失兄友弟恭之道；夫婦相愛，不失夫義婦聽之道；君臣相愛，不失君仁臣忠之道；朋友之間，不失守信之道。這樣，人人都謹守自己的分際，盡到了為人的道理，也就是人人都呈現了圓滿的人格。所以孟子說：「仁，人之安宅也；義，人之正路也。曠安宅而弗居，舍正路而弗由，哀哉！」《孟子．告子上》這是孟子深戒學者應該居仁由義，以修養完美的品德。

孔子說：「志於道，據於德，依於仁，游於藝。」《論語．述而篇》，這章是孔子提出教育弟子的四個條目，首先就是要立志行道，追求真理，朝人生的光明目標勇往邁進，否則，「志不立則中懦（空虛、懦弱）」，勢必渾渾噩噩虛度一生。其次，是說為人處世必須從修養高尚品德做起，才能立足於天下。將本於心的仁德，表現在與人相處之道上，廣泛的愛眾人。並且學習六藝之道，悠遊涵泳於六藝（禮、樂、射、御、書、數）之中，用詩書禮樂來興發心志，穩立人生，成就美好德行，這就是所謂的人文教化。[二十四]上述四句，說明孔子雖然重視知識的學習，但他的一生，卻主要是從道德實

二十三　徐復觀《中國人性論史―先秦篇》第三章（以禮為中心的人文世紀之出現及宗教之人文化）（臺北，中央書局，五二年四月），頁七六。
二十四　王邦雄、曾昭旭、楊祖漢《論語義理疏解》（氣質的成全），頁一九六。

踐中向上昇進的，可見凡站在道德實踐上看問題，道德的涵融性常重於概念的排斥性。[二十五]《禮記・樂記》上說：

「故樂也者，動於內者也；禮也者，動於外者也。樂極和，禮極順，內和外順，則民瞻其顏色而弗與爭也；望其容貌，而民不生易慢焉。故德煇動於內，而民莫不承聽；理發諸外，而民莫不承順。故曰：致禮樂之道，舉而錯之，天下無難矣。」[二十六]

說明「樂和」的作用，是經由美育的培育，可以調和人們內在的情感；「禮順」的目的，是節制人們外在的行為表現，使他們循規蹈矩。音樂教化的根本目的，就在表現與陶冶人類正常的情性，涵泳在美善的音樂國度中，使人與人相愛，而達到圓滿和諧的關係，以修養完美人格；而禮教的本旨，在使人將仁義佈乎四體，形乎動靜，成為文質彬彬的君子，可見禮樂的教化功效相得益彰。德性的光輝蘊涵在內，行為的文理表現在外，人們受到禮樂教化的潛移默化，社會上就能興起仁愛的風氣，世

[二十五] 徐復觀《中國人性論史—先秦篇》第四章〈孔子在中國文化史上的地位，及其性與天道的問題〉，頁八一。

[二十六] 孫希旦《禮記集解》：「鄭玄《注》：「理，容貌之進止也。」孔穎達《正義》：「凡道理從內心而生，今云理發諸外，非道理之理，止謂容貌進止之理。鄭恐有道理之嫌，故云容貌之進止也。」」，頁五〇八。

間的紛爭也能迎刃而解了。古時禮樂是合一的，它是孔子教化的二個重要工具，禮是善的教育，樂是美的教育，美善合一是禮樂教化的最終目標，由上述可見孔子傳承中國文化的苦心孤詣。

孔子的道德哲學，是從何而來？根據《中庸》所述：「仲尼祖述堯舜，憲章文武。」說明孔子之道，是繼承並發揚光大堯、舜、禹、湯、文、武、周公之道而來。韓愈說：

「夫所謂先王之教者，何也？博愛之謂仁，行而宜之謂義，由是而之焉之謂道，足乎己無待於外之謂德。其文《詩》、《書》、《易》、《春秋》，其法禮樂刑政……堯以是傳之舜，舜以是傳之禹，禹以是傳之湯，湯以是傳之文、武、周公，文、武、周公傳之孔子。」韓愈《原道》[二十七]

這說明中國的道統，是從堯舜一直傳衍到孔子的，孔子思想是上承堯舜的道統思想。對於周公，孔子更是仰慕之至，並且說：「甚矣，吾衰也！久矣，吾不復夢見周公！」又說：「文王既沒，文不在茲乎」，更表明孔子以繼承文王之聖道自居。孔子說：「述而不作，信而好古」〈述而篇〉，表明自己以紹述聖統為己任？不過，孔子是個集大成的聖人，他對堯舜傳下來的道統思想和道德哲學，不

二十七　謝冰瑩、邱燮友等《新譯古文觀止》：「講到所謂先王的教化，究竟是什麼呢？博愛叫做仁，做事合宜叫做義，照著仁義去做叫做道，天性圓滿，無求於外，叫做德。寫成的書是《詩》、《書》、《易》、《春秋》，治國的法度是禮樂刑政。」（臺北，三民書局，八六年），頁五六三。

僅是繼承並且以發揚光大，建立了完整的道德哲學體系。由此可知，孔子在儒家學說中是一位集大成的大聖人，在整個中華文化中是一位承先啟後的哲學家，地位崇高，影響後代特別深遠，孔子是中國的象徵，也是中華文化的代表。

子思作《中庸》，對孔子更是推崇到了極點。他說：「仲尼祖述堯舜，憲章文武，上律天時，下襲水土，辟如天地之無不持載，無不覆幬。辟如四時之錯行，如日月之代明。萬物並育而不相害，道並行而不相悖。小德川流，大德敦化，此天地之所以為大也。」[二十八]子思說明孔子傳承堯、舜、禹、湯、文武、周公一脈相承的中國文化道統，並且加以發揚光大。孔子向上效法天道的自然運行，覆蓋著萬物，向下順應水的川流不息的道理。猶如天地覆蓋著、承載著萬物，又如四季遞嬗轉，日月的交互輝映，孔子的崇高道德，可以與天地相媲美，堪稱冠絕古今。

[二十八] 宋、朱熹《四書章句集註》《中庸章句》：「祖述者，遠宗其道。憲章者，近守其法。律天時者，法其自然之運。襲水土者，因其一定之理，皆兼內外該本末而言也。……天覆地載，萬物並育其間而不相害；四時日月，錯行代明而不相悖。所以不害不悖者，小德之川流；所以並育並行者，大德之敦化。小德者，全體之分；大德者，萬殊之本。川流者，如川之流，脈絡分明而往不息也。敦化者，敦厚其化，根本盛大而出無窮也。此言天地之道，以見上文取辟之意也。」，頁三七—三八。

二、在倫常日用生息之所涵養孝悌倫理道德

教育的學習，基本上是從最具體、實存、真實的情境生長出來的，絕對不是傳達一個非常概括性的概念而已，因為教育是找尋生命安居的宅第。[二十九]儒家注重道德教育，崇尚教育的倫理價值。在人格修養的過程中，孔門四科：「德行、言語、政事、文學」；孔子四教：「文、行、忠、信」，這是孔子教育弟子的四個重點，也可以說是教育中心：從先代的典籍遺文中，一方面學習正面的嘉言善行，也記取反面的失敗教訓，用以砥礪、陶冶德性，增長知識、才幹。進而提高人民的道德素質，以培養對君上、國家、社會、團體，以及親朋友好，任何一個人都竭盡心力；對人要講信用。「忠、信」兩者都是為人立身行事的根本，既是內心的修養，也是人格的造就。四教以德行為主，人而無德，或者是墮落到道德敗壞，那麼，也必將會淪喪到與禽獸無異，什麼為人、從政，什麼濟世救民等等，都只能是須虛應故事而已！

孔子四教，以文為始，而以信為終，這是站在教育的方式上說的，教育的目標還是歸於道德的實踐，就是以德行為根本。所以孔子說：「弟子入則孝，出則悌，謹而信，汎愛眾，而親仁行而有力，則以學文。」《論語．學而篇》可見孔子認為孝悌為仁的根本，君子務本，本立而道生，因為孝道是對於生命根源的崇敬。但是站在理想的人格上說，文質彬彬才是圓滿的典型。

[二十九] 林安梧先生《教育哲學概論》第一章〈教育哲學的基本向度〉，頁一四。

子曰：「仁者，人也，親親為大。義者，宜也，尊賢為大。親親之殺，尊賢之等，禮所生也。」[三十]《中庸》

說明「仁」是人性的表現，其中以親愛自己的親人為最重要；「義」就是合宜的行為，而以尊敬賢者為最重要。而禮節的產生，是依據人們親情親疏遠近的差別，以及地位高下等級的分判，所制定的。禮是甚麼呢？禮就是合情合理的節文。

孔子很重視倫理道德，所謂倫理，就是孟子所說的五倫：「父子有親、君臣有義、夫婦有別，長幼序。」《孟子．滕文公上》和《禮記》所說的十義：「父慈、子孝、兄友、弟恭、夫義、婦聽、長惠、幼順、君仁、臣忠。」[三十一]《禮記．禮運》這五倫和十義，必須藉禮才能做得好，必須合禮才能名如其分，說明禮是調和人類倫理親情及社會道德的重要橋樑。就孝道而言，必須「生，事之以禮。死，葬之以禮，祭之以禮」《論語．為政篇》說明為人子女事奉父母，要冬溫夏清、昏定晨省，使父

三十 宋、朱熹《四書章句集註》《中庸章句》：「人指人身而言，見此生理，自然便有惻怛慈愛之意，深體味之可見。宜者，分別事理，各有所宜也。禮，則節文斯二者而已。」，頁二八。

三十一 孫希旦《禮記集解》：「陳氏祥道曰：『父慈、子孝、兄良、弟弟、夫義、婦聽，閨門之義；長惠、幼順，鄉黨之義；君仁、臣忠，朝廷之義。……故聖人之所以治人情，脩十義，講信修睦，尚辭讓，去爭奪，舍禮何以治之。』愚謂：「十義先父子而後兄弟、夫婦，先尊而後卑也。先兄弟而後夫婦，先天和而後人和也。先閨門而後鄉黨，先鄉黨而後朝廷，先近而後遠也，情不治則亂，義不治則壞，信睦非講，且脩則廢，爭奪非尊，尚辭讓，則不能去，此四者非禮則無以治之也。」，頁二九八。

母衣食無虞，身體健康快樂；對於喪葬、祭祀的事，要不違背禮節，盡到哀戚之情與虔誠之敬意，才算合乎孝道的真諦。為人子女者應當對父母盡孝，但如何的表現才算盡孝？茲舉《論語》的記載為例：

曾子說：「慎終追遠，民德歸厚矣。」〈學而篇〉「慎終」的意思，就是為人子女要以敬慎的心情，去辦理父母的喪事；「追遠」，就是後代子孫要以不忘本的心情，去祭拜歷代的祖先。不管是喪葬或祭祖，都是思念父母恩德，追懷祖先德澤的孝道表現。歷代的祖先和生育、養育、教育我們的父母，都是我們生命的根源，血濃於水，代代相傳，不斷的往前追溯，就可以彰顯出歷史傳續，綿延不斷的精神。祭祖掃墳，可以讓後代的子孫了解，我們的生命是生生不息的，是上承祖先的命脈而來，還要一代代的傳承下去，如果自己不努力進德修業，將愧對祖先的創業維艱？將何以承續香火為子孫開創基業？因此「慎終追遠」的喪禮祭禮，正蘊含有移風易俗的教化作用，這就是文化。以「文」化「質」，以「人文」化成「自然」，在樸質自然的生命實感中，有其人文價值的莊嚴，使天下人民的道德歸于淳厚，這就是禮俗教化的正面意義。[三十二]所以孔子說：「祭如在，祭神如神在。子曰：『吾不與祭，如不祭。』《論語．八佾》；「林放問禮之本。子曰：『大哉問！禮，與其奢也，寧儉；喪，與其易也，寧戚。』《論語．八佾》由上述可知，孔子認為祭禮重在誠敬，喪禮重在內心的哀思，可見祭禮與喪禮所重視的是禮的本，那個本便是仁。茲引《禮記》所述為證：

[三十二] 王邦雄、曾昭旭、楊祖漢《論語義理疏解》〈文化的搏造〉，頁三一九—三二〇。

「親親故尊祖，尊祖故敬宗，敬宗故收族，收族故宗廟嚴，宗廟嚴故重社稷，重社稷故愛百姓，愛百姓故刑罰中，刑罰中故庶民安，庶民安故財用足，財用足故百志成，百志成故禮俗刑，禮俗刑然後樂。」[三十三]《禮記．大傳》

說明祭祀禮儀之功能，在發揮人們仁民愛物的天性，由人道之親愛親人，推而上之，及於尊重先祖，由尊重先祖擴而充之，至於尊敬宗族，繼而團結族人，使宗廟莊嚴完備，復由維護宗廟的莊嚴完備，推衍至重社稷、愛百姓，使得人人能安居樂業，最後一切終歸於禮樂和諧，政清俗美，這就是祭祀禮儀，所要達成之仁愛功能。

子夏問曰：「『巧笑倩兮，美目盼兮，素以為絢兮，』何謂也？」子曰：「繪事後素。」曰：「禮後乎？」子曰：「起予者商也，始可與言《詩》已矣。」《論語》本則所舉的事例：是說子夏從孔子「繪事後素」的答問中得到啟示，認為一個人具有了忠信（仁心）的美德，再加上禮節的文飾，猶如畫畫，先以素色勾勒，再增加五彩的顏色，可以增加色澤的鮮明一樣，如此就更能彰

[三十三] 希旦《禮記集解》謂：「能親親，則必以親之心為心，而遞推之以至於無窮而尊祖矣，親親尊祖，則必敬其祖、禰之祭者而敬宗矣。收，聚也。敬宗，則族人皆祇事宗子而收族。收族則宗子祭而族人皆侍，而宗廟嚴矣。大夫之宗廟，與君之社稷相為休戚者也，宗廟嚴則必重社稷，而效忠於上者篤矣。百姓，百官也。臣能重社稷而效忠於君，則君亦愛百姓而體恤其臣矣。君臣交相忠愛，則無事乎操切督責之政而刑罰中矣。刑罰中而和氣洽，庶民之所以安也。庶民安而樂事勸功，財之所以足也。財用足，則富可以備禮，和可以廣樂，百志之所以成也。刑亦成也。制之於上之謂禮，行之於下之謂俗。百志成則化行俗美，禮俗之所以刑也。禮俗刑，然後上下和樂而不厭矣。」，頁四五二。

顯忠信的品德，使品德更臻完美。「禮後乎？」是子夏由論《詩》而引申及於禮，並且加以闡發的聯想，認為禮樂產生在有了仁的思想以後，仁與禮的關係，是相輔相成。孔子十分贊賞子夏這種由一以知二的學習態度、由此推及彼的聯想法，所以孔子很高興地說：「啟予者商也，始可與言《詩》已矣。」意即，從此可以和子夏討論《詩》的內容和寓意了。[三十四]師生之間融洽無間的情誼，而又能如此相互切磋琢磨，他們彼此教學相長的真情實態，令人欣羨不已。

古人常以禮概括樂。《周易・賁卦・彖傳》說：「觀乎天文，以察時變，觀乎人文，以化成天下。」[三十五]孔穎達疏：「言聖人觀察人文，則詩書樂之謂，當法此教而化天下也。」說明春秋時代所流行的禮，多是表現在人事儀節的關係之上，經由自身的心領神會，以發揮禮樂的意義。《周易》的這番話，說明觀察天文的動向，可以察知時序的變化，體察人類的文明，可以推行人倫教化。孔子所推動的禮樂教育，範圍更為廣泛。教育之對象為個人，教化之對象則為全國人民；教育以培育才德兼備的個人為宗旨，教化則以化行俗美、社會清明為目標，從個人的誠意、正心、修身做起，到教化全國人民，達到善群而致天下太平為終止，可見儒家的禮樂教育，意義極為深遠。茲引《禮記・樂記》為例：

[三十四] 王邦雄、曾昭旭、楊祖漢《論語義理疏解》〈氣質的成全〉，頁一九六。

[三十五] 程頤《易程傳》：「天文謂日月星辰之錯列，寒暑陰陽之代變，觀其運行，以察四時之遷改也。人文人理之倫序，觀人文以教化天下，天（一無天字）下（一無天字），成其禮俗，乃聖人用賁之道也。」，頁一九七。

君子曰：「禮樂不可斯去身，致樂以治心；則易直子諒之心油然生矣。易直子諒之心生則樂，樂則安，安則久，久則天，天則神。天則不言而信，神則不怒而威，致樂以治心者也。致禮以治躬則莊敬，莊敬則嚴威。」[三十六]《禮記・樂記》

說明人們不可以片刻離開禮樂，因為音樂可以調理人的精神生活，變化人的氣質，消融雜念，而產生平易爽直、慈愛善良的念頭。禮可以約束人的行為，使人恭儉端莊而敬慎有禮。儒家學說特重「實踐」的功夫，而以「行」攝「知」的緣故，因為別人的生命經驗只能激勵自己，也去作同方向的感受，而成為自家的經驗，卻不能將經驗直接傳達。所以熊十力先生說：「每見青年問學，開口必曰方法此極可惜。須知學問方法，必待學成而能明其所以。」[三十七]正說明研讀論語孔子所敘述的道理，必須融會貫通書中的道理，並且要身體力行之，才能達到修養美善人格之境界。

[三十六] 孫希旦《禮記集解》謂：「鄭氏曰：『善心生則寡於利欲，寡於利欲則樂矣，志明行成，不言而見信，如天也，不怒而見威，如神也。』愚謂人之身心其和樂者為樂，其莊敬者為禮。禮樂之器，有時而離，而禮樂之理，則無時而可去也。致者，極至之謂，致樂以治心者，無斯須之失其莊敬也，易直慈良之心，人之善心也。樂者，樂於此而不厭也。安者，安於此而不遷也。久者，久於此而不息也。久則體性自然而無作為之勞，故曰天。天則神妙不測，而無擬議之跡，故曰神。自然，故不言而人自信；不測，故不怒而人自畏。莊敬言其敬德之具於身，嚴威，言其儀象之接於物。」，頁五〇七—五〇八。

[三十七] 曾照旭《論語的人格世界》〈如何入論語之門〉熊十力《十力語要》卷四 與鄧子琴等書，頁三五。

第三節　政治教化方面

一、在政治之推展中塑造仁民愛物的風氣

人是社會的動物，就是說人有聰明睿智能夠組成社會，使人與人之間產生密切的關係。而維繫人的社會關係？就是中國古代聖哲所謂的五倫。孔子對魯哀公說：「君臣也，父子也，夫婦也，昆弟也，朋友之交也，五者，天下之達道也。」《中庸》說明五倫，是人人所應該共同律履行的五種人倫道德，人類在繁衍進化中，有了五倫，可以強化族群的向心力。那幾倫最重要呢？孔子在回答齊景公問政時說：「君君，臣臣，父父，子子。」景公深以為然地說？「善哉！信如君不君，臣不臣，父不父，子不子，雖有粟，吾得而食諸？」[三十八]《論語．顏淵》說明治國之道，在於能明人倫。孟子講五倫時，最先提到的也是父子、君臣兩倫。父父、子子是齊家的範疇，君君、臣臣是治國的後盾，家齊而後國治，根據孔孟二夫子的言論觀之，可知君臣、父子兩倫是治國不可偏廢的基礎。所以子路曾對荷蓧丈人的兩個兒子說：「不仕無義。長幼之節，不可廢也；君臣之義，如之何其廢之？欲潔其身，而亂大

[三十八] 宋、朱熹《四書章句集註》《論語集注卷六》：「此人道之大經，政事之根本也。是時景公失政，而大夫陳氏厚施於國。景公又多內嬖，而不立太子。其君臣父子之間，皆失其道，故夫子告之以此。景公善孔子之言而不能用，其後果以繼嗣不定，啟陳氏弒君篡國之禍。楊氏曰：『君之所以君，　臣之所以臣，父之所以父，子之所以子，是必有道矣。景公知善夫子之言，而不知反求其所以然，蓋悅而不繹者，齊之所以卒於亂也。』」，頁一三六。

倫。君子之仕也，行其義也。道之不行，已知之矣。」[三十九]子路這番話，顯然是轉述孔子的意思，可見孔子認為君子出來為國效勞，是實行君臣的大義。

在政治上，禮是指政治制度。孔子說：「為政以德，譬如北辰，居其所而眾星共之。」又說：「道之以德、齊之以禮，有恥且格。」[四十]〈為政篇〉孔子認為最好的治國的方式，就是用道德的感化與禮教的薰陶，比用嚴苛的政令與刑罰，更能引導人民改過遷善，所以老子說：「法令滋彰，盜賊多有。」[四十一]《老子．下卷五十七章》，說明法令條文越多，以身試法的人也越多。不論是德化、禮教其內在蘊涵之精神，就是君子所說謂的仁之彰顯。一個國君能「非禮勿視、非禮勿聽、非禮勿言、非禮勿動。」《論語．顏淵》說明實踐仁德，在於克己復禮，可見禮是仁的外在表現，仁是禮的內在本質。換言之，仁便是一切政治制度內涵的精神實質。所以老子又說：「失道而後德，失德而後仁，失仁而後義，失

[三十九] 宋、朱熹《四書章句集注》《論語集注卷九》：「子路述夫子之義如此。蓋丈人之接子路甚倨，而子路益恭，丈人因見其二子焉。則於長幼之節，固之其不可廢矣，固因其所明以曉之。倫，序也。人之大倫有五：父子有親，君臣有義，夫婦有別，長幼有序，朋友有信是也。仕所以行君臣之義也，故雖知道之不行而不可廢。」，頁一八五。

[四十] 宋、朱熹《四書章句集注》《論語集注卷一》：「禮，謂制度品節也。格，至也。言躬行以率之，則民固有所觀感而興起矣；而其淺深厚薄之不一者，又有禮以一之，則民恥於不善，而又有以至於善也。一說：格，正也。《書》：曰：愚謂政者，為治之具；刑者，輔治之法。德禮，則所以出治之本，而德又禮之本也。此其相為終始，雖不可以偏廢，然政刑能使民遠罪而已，德禮之效，則有以使民日遷善，而不自知。故治民者不可以徒恃其末，又當深探其本也。」，頁五四。

[四十一] 王淮注釋《老子探義》：「蘇子由曰：『患人之詐偽而多為法令以勝之，民無所措所足，則日入於盜賊矣。』案：此復就在上位者言。老子謂在上位者為政不知務本，而徒以「法」為尚，真可謂「道在邇而求諸遠，事在易而求諸難」（孟子語）。何則？以法治民，以刑禁民，民但免而無恥。苟無恥，則盜賊必生之無窮，此所謂以火救火，以水救水，名之曰「益多」。故曰：「法令滋彰，盜賊多有。」，頁二三〇。

義而後禮。」[四十二]《老子・三十八章》當孔子之時，因反省到周文崩壞的原因，而思以仁的自覺與實踐來疏通貞定這動力的原則，以拯救周文之衰頹，可惜孔子的苦心孤詣，在政治的運作上其理想從未獲得實現。[四十三]所以孔子才會發出：「禮樂不興，則刑罰不中；刑罰不中，則民無所措手足。」〈子路篇〉的感嘆。中國文化之本質，實以政治為導向；政治之本質，在於禮樂典制之落實；孔子以「仁」之德性自覺，賦予禮樂典制以本質意義，「禮樂」不再是一套外在之虛文，而是由個體生命之美通向群體文化之美之橋樑。荀子時期，以禮樂教化作為風俗淳庇之判斷根據，使禮樂美典與政治美學密切結合。及至《禮記》一書，則奠定中國以「禮樂美典」為審美標準之文化模式。[四十四]茲引《禮記・禮運》所述為例：

[四十二] 王弼曰：「夫大之極也，其唯道乎。自此以往，豈足尊哉。故雖盛業大富，而有萬物，猶各得其德。雖貴以無為用，不能捨無以為體也。不能捨無以為體、則失其為大矣。所謂失道而後德也。以無為用，德其母、故能己不勞焉，而物無不理，下此以往，則失用之母，不能無為而貴博施，不能博施而貴正直，不能正直而貴飾敬，所謂失德而後仁，失仁而後義，失義而後禮也」，頁一五二。案：此總承上文言道、德、仁、義、禮、法之演變，固為君德之每況愈下，從另一方面看，亦為時代精神之逐步墮落。先秦諸子論政，在基本上皆是一種理想主義之態度，孔孟推尊堯舜，墨翟效法大禹，農家遠推神農，老莊憧憬黃帝。皆寄政治社會之「理想」於人類歷史之上古，而欲托古以改制。其中老莊因為其理想主義實奠基於自然主義，故思古之幽情最為強烈，而對於現實之歷史社會，多採取負面之看法。本章可視為老子之歷史哲學──墮落的歷史觀。頁一五三。

[四十三] 曾昭旭《儒學傳統與現代生活──論儒學的文化面相》〈人文精神之落實與主導倫理之重建〉（臺北，商務印書館，二〇〇三年八月），頁一〇九。

[四十四] 林素玟《禮記人文美學探究》《禮記》〈文化美學：群體社會之禮樂生活〉，頁一四七。

「禮也者，義之實也，協諸義而協，則雖先王未之有，可以義起。……仁者義之本也，順之體也，得之者尊，故治國不以禮，猶無耜而耕也。」[四十五]《禮記．禮運》

說明仁義是社會禮儀節文的根本基礎，更是順應天理人情的具體表現，所以國君統治天下，如果不依禮來待人處世，就會減損內在的仁義道德。可見理想的社會節文是豁顯仁義而設立的，仁義規範與社會禮儀是相輔相成的。所以孔子說：「克己復禮為仁」〈顏淵篇〉，復禮即是履禮，依禮而行之意。行禮以彰顯內心的仁，依此而論，禮屬於外在的節文，仁屬於內在的本質。仁的本質是亙古不變的，而禮文卻是隨著時代的因革損益而有所變遷。《中庸》上說：「非天子，不議禮，不制度，不考文。」[四十六]又說：「雖有其位，苟無其德，不敢作禮樂焉；雖有其德，苟無其位，亦不敢作禮樂焉。」[四十七]說明禮樂之興起，是由「德位相稱」的聖王所制定，除天子之外，任何人不得創制禮文藝術；然後透過政教的推廣，行之既久，成為社會約定俗成的風俗習慣，後代的人依循它，奉它作為言行的規範。禮樂教化的重要性，由此可見。

[四十五] 孫希旦《禮記集解》：「陳氏澔曰：『實者，定制也。禮者，義之定制，義者，禮之權度。禮一定不易，義隨時制宜，故協合於義而合，雖先王未有此禮，可酌於義而創為之。仁者，本心之全德，故為義之本，是乃百順之體質也。』愚謂此三節皆所以明禮義與仁，其相資而不可闕者如此，以申上文脩禮以耕，陳義以種，本仁以聚之意。不言講學播樂者，蓋學者仁義禮之所藉，以講明樂者，仁義禮之所由，以精熟不在此三者之外也。」，頁三〇四。

[四十六] 宋、朱熹《四書章句集注》《中庸章句》：「非天子以下，子思之言。禮，親疏貴賤相接之體也。度，品制。文，書名。」，頁三六。

[四十七] 同上註：「鄭氏曰：「言作禮樂者，必聖人在天子之位。」，頁三六。

太史公曰：「《詩》三百五篇，孔子皆弦歌之，以求合韶武雅頌之音，禮樂自此可得而述，以備王道成六藝。」《史記．孔子世家》

古詩原本有三千餘篇，經孔子整理過的《詩經》有三百五篇，並且由孔子配了樂譜，可以按樂譜演奏歌唱的。特別是對於具有中和之美的韶樂，孔子認為不但可以陶冶人的情性，而且對個人的品德修養，有潛移默化的作用。孔子生平極力主張以樂化民，乃由於音樂以中和為要素；而中正平和二字實為安身立命、接人處世之良方。所以孔子說：「中也者，天下之大本也；和也者，天下之達道也。」[48]《中庸一章》說明孔子重視樂教的功效，以音樂的諧和，使人民身心相安；以音樂的節奏，涵養人民的德性；以音樂的美感，培養人民具有文質彬彬的氣質。進而使家庭、社會和國家間，建立一個極為和諧而有秩序的生活常規。例如、子游以「絃歌」為治，孔子就歎美之〈陽貨篇〉，因為「移風易俗，莫善於樂」《禮記．樂記》而「安上治民，莫善於禮」《孝經》，其旨意甚明。孔子認為樂的真諦，就是仁，仁是他的中心思想，也是一切行為的出發點，他的學說是以仁為核心。「仁」字從人二，正表示人與人的關係達到的最圓滿中和的境界。茲舉《禮記．儒行》所述為證：

[48] 宋、朱熹《四書章句集注》《中庸章句》：「喜、怒、哀、樂，情也。其未發，則性也，無所偏倚，故謂之中。發皆中節，情之正也，無所乖戾，故謂之和。大本者，天命之性，天下之理皆由此出，道之體也。達道者，循性之謂，天下古今之所共由，道之用也。此言性情之德，以明道不可離之意。」，頁一八。

「禮節者，仁之貌也；言談者，仁之文也；歌樂者，仁之和也。」[四十九]《禮記．儒行》說明禮節是仁外表的彰顯；言談是仁的文章；歌樂是仁諧和的表現。孔子所以特別提倡樂教，也正因為在仁中有樂，在樂中有仁的緣故。仁是道德，樂是藝術。樂與仁的本質，本有其自然相通之處，道德可以充實藝術的內容，藝術也有助長人文氣息、安定社會道德的力量。音樂的根本目的，就在於表現與陶治人類正常的情性，使人與人彼此之間相親相愛，而造成最圓滿和諧的關係，進而修養各人完美的人格，這就是孔子音樂哲學的高遠目標。

禮在孔子思想裏是貫通修己與治人的二個面向，修己是治人之基石，在於確立每個人要如何扮演好自己的角色？每個人的角色恰如其分，便是正名[五十]。孔子說：「名不正，則言不順；言不順，則事不成；事不成，則禮樂不興；禮樂不興，則刑罰不中；刑罰不中，則民無所措手足。」〈子路篇〉說明正名的依據就是禮，有子曾說：「禮之用，和為貴；先王之道，斯為美，小大由之。有所不行，知和而和，不以禮節之，亦不可行也。」〈學而篇〉禮以導正人倫秩序為基礎，以整體社會和諧為目標，

四十九 孫希旦《禮記集解》：「呂氏大臨曰：『威儀中節，敬於仁者也，故為仁之貌。出言有章，仁之見於外者也，故為仁之文。詠歌之不足，不知手之舞之，足之蹈之，則安於仁而至於和者也。』」，頁六九四。

五十 林義正《孔子學說探微》〈論孔子的道德評價標準〉（臺北，東大圖書司，七六年九月），頁一二六。

禮之運用，以從容合節為可貴。人一生下來便是社會一分子，不可以離群而索居，因此立足於社會，必得學習禮。在孔子的時代，所謂的「禮」就是指周禮，周禮就是當時人的言行規範。

從《論語》裏我們可以看出孔子之所謂的「學」一部份是指學禮，孔子便是以禮做為言行對錯的標準，教導學生以倫理道德思想為立身處世的圭臬。從個人到國家，都應該講求禮讓。孔子又說：「能以禮讓為國乎，何有？不能以禮讓為國，如禮何？」〈里仁篇〉，子夏也說：「君子敬而無失，與人恭而有禮。」〈顏淵篇〉說明為政者要注意培養謙恭禮讓的態度，在上行下效的推廣下，使舉國上下和睦相處，從個人到國家，都應該講求禮讓。為政者要使社會安定，必須使禮讓的美德，蔚成良好的社會風氣。所以孔子說：「故禮之教化也微，其止邪也於未形，使人日徙善遠罪而不自知也，是以先王隆之也。」《禮記．經解》這不也是在說明禮教的重要，可以使人防患於未然嗎？

孔子所謂的「學」是通透一生的，學習的內容不僅在知識的獲得，而且注重在行為的落實[五十一]。徐復觀先生認為「孔學」即是「仁學」，這都是把「仁」當作「全德」去闡揚孔子思想，孔子重視「仁」是具有時代背景的對治成分在內，運用對比的方式來彰顯「仁」的含義。[五十二]「仁與禮」在文化上，仁是內在的本質，禮是外在的儀文。禮在古代是指一切的文化傳統，當然涵蓋倫理、政治、宗教等三層面。在倫理上，禮為一切倫理規範。人自出生開始，便生活在倫理社會之中，所以孔子說：「不學

五十一 林義正《孔子學說探微》〈論孔子思想的基本格式，〉頁一五。

五十二 徐復觀《學術與政治之間》，頁三〇三、三二四。

禮、無以立。」〈季氏篇〉就以對父母一倫而言，「生、事之以禮，死、葬之以禮，祭之以禮。」〈為政篇〉這就是以盡禮來表示孝道。孔子說：「人而不仁，如禮何？人而不仁，如樂何？」〈八佾篇〉合而觀之，禮之所以為禮其本在仁，仁是禮節的精神，這樣看來，仁可包括孝、悌思想，孔子思想中的禮苞蘊宏富，有本末之分，本是仁，發為情，表其宜，達其和，致其敬；末是節文。「仁」在儒學傳統中，其內涵豐富而多元，既具有統合儒學諸概念之功能義，又具有等同於宇宙精神之本體義。惟有「仁」才能賦與「禮」以意義[五十三]。因此，孔子就以這個禮來判別言行的是非對錯，也用來判定這個人是仁、還是不仁。

由上述可知，孔子對禮樂教化的政治功能，作了一次積極的確認。禮是以謙讓為根本，樂是以中和為主軸。國君治理國家，是要以禮樂來教化人民，如此天下才能太平，人民才可以安居樂業樂。如果一意孤行，濫用刑罰，只有導致社會更加紊亂，所以孔子說：「導之以德，齊之以禮，有恥且格。」〈為政篇〉，由此可見，音樂是自然和諧的表現；禮是自然秩序的表現。所以荀子說：「樂在宗廟之中，君臣上下同聽之，則莫不和敬。閨門之內，父子兄弟同聽之，則莫不和親。鄉里族長之中，長少同聽之，則莫不和順。故樂者，審一以定和者也，比物以飾節者也，合奏以成文者也。足以率一道，足以治萬變。」[五十四]《荀子．樂論》說明大家共同聆賞音樂或歌曲，因為受音樂曲趣及律動節奏的感

五十三 杜維明，〈「仁」與「禮」之間的創造緊張性〉，頁一〇—一一

五十四 王先謙《荀子集解》：「盧文弨曰：『《禮記》作節奏合以成文，《史記》同郝懿行曰：「節以分析之，奏以合聚言之，語甚明晰。」樂記作

動，則可能會產生相同的感情與共鳴，這在心理學上是有相當根據的。因此在宗廟之中，君臣上下共同欣賞音樂，彼此在心境上就會產生融和恭敬的心理；在家庭及鄉里之中，長幼父子兄弟共同欣賞音樂，就會產生親愛和順的心理，這都是因為受到音樂的刺激，在怡情養性中，而產生同一感情意志的結果。「移風易俗」是荀子對禮樂教化之終極肯定，禮樂之功能，既可以合同人心，又可使個體生命獲得社會層級之安頓。

荀子說：「樂也者，和之不可變者也；禮也者，理之不可易者也。樂合同，禮別異，禮樂之統，管乎人心矣。窮本極變，樂之情也，著誠去偽，禮之經也。」（《荀子・樂論》）

荀子說明人民的個體生命，因為禮的教化而導正惡習與偏邪的行為，不至於誤入歧途，遠離罪惡而改過自新；因為樂的教化，在潛移默化的功效下，而使得人類的心性平和，進而建立完美的人格；社會上因禮樂的制約，而使得風俗日趨淳厚。可見禮樂教化的功效，不僅是個人行為的規範，使人的情感、理智得到宣暢協和之作用，更是國家政治教化的根本。

節奏合以成文』，則總統言之，而此於義較長。」（臺北，藝文印書館，六二年九月），頁六二八。

中國文化之本質，實以政治為導向；政治之本質，在於禮樂典制之落實；先秦文化美學之發展，由孔子以前之季札、單穆公、伶州鳩等政論家提出「以樂象政」之觀念，以及子產所言「以禮養民」之主張，強調政治良窳之審美判斷；經由孔子以「仁」之德性自覺，賦予禮樂典制以本質意義，「禮樂」不再是只注重外在之虛文，而是由個體生命之美，通向群體文化之美之橋樑；荀子時期，以禮樂教化作為風俗淳後疵之判斷根據，使禮樂美典與政治美學密切結合[五十五]，由此可見禮樂教化具有美化人心及移風易俗的功效。

二、在教育之陶鑄裡豁顯仁義道德的教化

我國傳統的教育是以追求理想人格為蘄向，在日用倫常之間，師友之間，彼此通過共同參與的人文活動，互切磋，共琢磨，以提攜學生於進德修業上。[五十六]孔子在《論語》中所說的話語，絕大多數是指導人們從事道德實踐的工夫語，在師生的對答中以生命彼此呼應的方式，去呈現一個生生不已、源泉滾滾的生活世界。[五十七]孔子辨私學的教育目的：一、為實現仁政德治的理想，進而培養才德兼備的治世能人；二 教人立身處世之道，就是要加強倫理道德思想，以促進自我修養的工夫。

[五十五] 林素玟《禮記人文美學探究》《禮記》〈文化美學：群體社會之禮樂生活〉，頁一四七。
[五十六] 曾照旭《論語的人格世界》〈中國人文傳統與現代教育〉，頁一九—二〇。
[五十七] 林安梧先生《論語—走向生活世界的儒學》第壹部〈經典與生活〉六〈生機洋溢的師生對答〉頁八〇。

孔子提出教育弟子的四個條目：「志於道，據於德，依於仁，游於藝」[五十八]《論語・述而》，根據林師安梧的詮釋：「道」是「宇宙總體的根源」、「德」是「整個文化教養，所陶鑄出來的文化心靈的意識結構」、「仁」是「道德的真實感」、「藝」是「文化教養所形成的一個生活世界」。[五十九]說明一個人立志行道，追求真理，在他的自己的文化心靈結構裏，先要有一個奮鬥的目標；為人處世必須從自己的文化教養做起，仁本於心，表現於外用就是「愛人」、「泛愛眾」，人與人相處之道，就應該以此為準則而不違離。在施教的過程中，教育學生首先要從容涵泳在禮樂之文，陶鑄在射御書數之法中，以充實自我的真才實學；接著將孝悌禮讓等美德，落實在整個生活世界之中，[六十]如此才能夠豁顯仁義道德的教化。茲引《禮記》所述為證：

「禮以道其志，樂以和其聲，政以一其行，刑以防其姦。禮樂刑政，其極一也；所以同民心而出治道也。」《禮記・樂記》「樂正崇四術，立四教，順先王詩書禮樂以造士。春秋教以《禮》、

[五十八] 宋、朱熹《四書章句集注》《論語集注卷四》：「志者，心之所之之謂。道者，人倫日用之間所當行者是也。……據者，執守之意。德者，得也，得其道。……依者，不違之謂。仁，則私欲盡去而心德之全也。……游者，玩物適情之謂。藝，則禮樂之文，射、御、書、數之法，皆至理所寓，而日用之不可闕者也。……此章言人之為學當如是也。蓋學莫先於立志，志道，則心存於正而不他；據德，則道於其心而不失；依仁，則德性常用而物欲不行；游藝，則小物不遺而動息有養。學者於此，有以不失其先後之序、輕重之倫焉，則本末兼該，內外交養，日用之間，無少間隙，而涵泳從容，忽不自知其入於聖賢之域矣。」，頁九四。

[五十九] 林安梧先生《論語—走向生活世界的儒學》第壹部〈經典與生活〉六〈生機洋溢的師生對答〉，頁八〇—八一。

[六十] 同上註。

《樂》，冬夏教以《詩》、《書》」[61]《禮記・王制》

由於禮樂教化與政治良窳、風俗美惡具有相當密切之關係，為政者如果想要教化民心，導正社會風氣，勢必要從提倡禮樂教育入手。禮可以引導人們的善行，樂可以調和人的善心，所以《禮記・學記》上說：「君子如欲化民成俗，其必由學乎！」又說：「古之王者，建國君民，教學為先。」就是肯定教育是「化民成俗」之原動力。周代之教育，根據《禮記・王制》所敘述，說明主持國學的樂正，訂立詩書禮樂四教，就是沿襲先聖先王流傳下來的課程內容，以造就人材。春秋教以《禮》、《樂》，冬夏教以《詩》、《書》」而音樂教育於四者之中，更是移易人心、化民成俗最直接且成效最顯著的方式，這正是先秦儒家所以大力鼓吹樂教之用意。音樂藝術之功能，其最終目標在於「移風易俗」，因此《禮記・樂記》上說：「樂也者，聖人之所樂也，而可以善民心，其感人深，其移風易俗，故先王著其教焉。」又說：「故樂行而倫清，耳目聰明，血氣和平，移風易俗，天下皆寧。」[62]當音樂藝術普及天下時，各種物類倫秩清美，就個體生命而言，音樂藝術使一己耳目聰明，血氣和平，進而

六十一 孫希旦《禮記集解》：「孔子曰：『成於樂，大學之教，以樂為終，故虞以典樂教胄子。』周以司樂掌成均，唐虞時，詩書未興，禮亦未備，故舜命夔以教胄，但言和聲作樂之事。至周以詩書禮樂並列，為四教。然大司樂之職，但言教樂之事，而他未有及焉。以文王世子考之，則教樂者為大樂正、小樂正，胥之屬。教詩者，為大師。教禮為執禮者；教書為典書者，而總其教者，大司成也。蓋大司樂之職，曰：『掌成均之法，以治建國之學政，而合國之子弟焉。』」，頁一七九。

六十二 孫希旦《禮記集解》謂：「耳目聰明，血氣和平，就一身而言之也。移風易俗，天下皆寧，合一世而言之也。」，頁四九六。

德性圓成，生命美善；就群體文化而言，音樂藝術一旦遍行於社會，就可移易風俗，使民風淳厚，天下人心祥和美善，進而達成個體生命與群體文化之美善之境界，這也就是《禮記．禮運篇》中所描述的「大同世界」。[六十三]

「入其國，其教可知也。其為人也，溫柔敦厚，《詩》教也；疏通知遠，《書》教也；廣博易良，《樂》教也；絜靜精緻，《易》教也；恭儉莊敬，《禮》教也；屬辭比事，《春秋》教也。」[六十四]

《禮記．經解》

孔子「刪詩書，訂禮樂，贊周易，修春秋，」經過孔子精心修訂、增減、編纂等工作而完成的「六藝」，完整地保存了我國的典章制度。上起唐虞、夏、商、周三代，下至春秋時代的歷史文獻，使後代的子孫，可以藉此了解當時的政治、經濟、軍事、文化、思想、社會風俗等情況。因此，可以說：六經不僅是探索歷史文物極為珍貴的資料，更是世界上極富學術價值的瑰寶，也是我們引以為傲的民族文化的豐厚典藏！

六十三 林素玟《禮記人文美學探究》《禮記》〈文化美學：群體社會之禮樂生活〉第一小節〈大同之世〉，頁二三二。

六十四 孫希旦《禮記集解》謂：「溫柔，以辭氣言，敦厚，以性情言。疏通，謂通達於政事，知遠，言能遠知帝王之事也。廣博，言其理之無不包，易良，言其情之無不順。洗心藏密，故絜靜，探賾索隱，故精微。屬辭者，連屬其辭，以月繫年，以日繫月，以事繫日也。比事者，比次列國之事而書之也。」，頁六二〇。

孔子「以詩書禮樂教人」——《詩經》是文學性情的表現，讀詩可以興發人的情志，陶養人的性情。《尚書》記載的內容，大多是古聖先賢的嘉言懿行，研讀《尚書》可以記取歷史的教訓，承續文化的慧命，而不會重蹈覆轍。而禮與樂，更是教化人心的圭臬，二者相輔相成，缺一不可。所以荀子說：「樂合同，禮別異，禮樂之統，管乎人心矣。窮本極變，樂之情也；著誠去偽，禮之經也。」《荀子・樂論》說明禮有差等，樂要求同一，二者精神相反，但配合起來，內涵的本義，卻又能相輔相成。禮表現出倫常的秩序性，教導我們上下尊卑，長幼先後的區別，使人明辨職分本位之差異，然後能夠堅守自己的崗位，盡其職分而不違背禮。但分辨得太清楚，在人際關係上，就不免產生疏離隔閡的感覺，所以要靠音樂來合同。

音樂可以表達人們的親和力，通過美善音樂的調和，可以溝通人類的情意，使人心和諧，社會風氣日趨淳厚。所以《禮記・經解篇》上說：「溫柔敦厚，詩教也。疏通知遠，書教也。恭儉莊敬，禮教也。廣博易良，樂教也。」正好點明了儒家人文教育的基本旨趣，無論個人人格的陶養，社會教化的設施，國家政治的績效，都可以歸到「興發情志（興於詩），堅實自立（立於禮），和諧完成（成於樂）」《論語・篇》這三步進程上，來加以考量[六十五]。所以孔子說：「不學詩，無以言；不學禮，無以立」，的確是意義深遠。

六十五 蔡仁厚《儒家思想的現代意義》玖〈儒家的人文教育〉（臺北，文津出版社，七六年五月），頁三四〇。

知性文化只把天地自然當做認知的對象，而德性生命卻能把天地自然加以美化、善化，把天地萬物視為生生之德，把自然的造化視為化機流行。《禮記．孔子閒居篇》就曾說過：「天有四時，春夏秋冬，風雨霜露，無非教也。」[六十六]在儒家看來，這一個充實飽滿的宇宙，無論是日月星辰、風霜雨露、山川湖海、蟲魚鳥獸，以及春夏秋冬四時的運轉，處處都是實理實事的顯現；而實理實事又都是聖人之道的昭著，也是聖人之教的印證。所以，宇宙生命和人的生命，是相通而不相隔的，天和人可以交流融通，以達到「天人和諧」的境界。由此可知，德性生命上下四方的流通貫注，可以創造一個「天下一家」、「天人和諧」的廣大豐富的價值世界[六十七]，使人類的慧命得以生生不息，綿延不斷。

為政之道，首在成就天下人民的德行人格。德行人格就在詩書禮樂的教養中實踐完成，詩書禮樂就是「文」的表徵。儒家教育的理想，是要培育能夠克己明禮的「君子」，君子務本為仁，厚重而威，文質彬彬，博文約禮，氣節凜然，其修己以敬，疾沒世而名不稱，從《論語》中所述，可見處很多。所以《禮記．曲禮》上說：「夫禮者，所以定親疏，決嫌疑，別同異，明是非也。」從上述文字，我們大略可以明白孔子在教育思想中，為甚麼要用禮來約束學生的行為，及鼓勵學生博於文的道理了。原來是要指導學生，能分辨物類的同異，辨明道理的真偽是非，而不會做出逾越禮義的行為。

六十六 孫希旦《禮記集解》謂：「鄭氏曰：『言天之施化收殺，地之載生萬物，非有所私也。』愚謂：「此言天地之無私也。神氣，五行之精氣也。露生，謂露見而發生也。天以四時運於上，地以神氣應於下，播五行於四時也。雨及霜露，降於天；雷霆出乎地，而風則鼓盪於天地之間。……」無非教者，天何言哉，四時行焉，百物生焉，莫非天地無私之政教也。」，頁六三一。

六十七 蔡仁厚《儒家思想的現代意義》壹〈生命的提昇與流通〉，頁二一八。

孔子說：「君子博學於文，約之以禮，亦可以弗畔矣夫。」〈雍也篇〉顏淵也喟然歎曰：「夫子循循然善誘人，博我以文，約我以禮。」〈子罕篇〉孔子說明德化禮治是人文教養，可以開發人性自覺向善的根源，由仁的發心而產生義的判斷，就可以使人聞善能徙，改過遷善，也就是使天下人民有羞恥心，實踐善行，進而能修養美好的人格；反之，政令刑施的嚴刑峻罰，不能開發道德生命的內在根源，人民只要求暫時逃避刑罰的制約，而不會有自覺向善的羞恥心。更重要的是，對人性的尊嚴不能肯定，存在的價值也難以維繫住。正如《禮記．緇衣篇》上所說：「夫民，教之以德，齊之以禮，則民有格心；教之以政，齊之以刑，則民有遯心。」《孟子．盡心上》也說：「善政，民畏之；善教，民愛之。」[六十八]民免而無恥，就是人民害怕，而有逃避的心理表徵；有恥且格，就是人民心悅誠服，而有改過遷善的表現[六十九]，可見仁言仁政教化功效的偉大。

孔子的禮樂思想博大精深，音樂思想雖僅是孔子全部學問中的一部分，這一部分卻是他全部學問的根源，因為「歌樂是仁之和」，仁是孔子的中心思想，由此一端即可以理解他的全貌。孔子主張以禮樂陶鑄人心，淨化社會，所以下過很大的工夫去學習音樂、研究音樂，例如《論語．八佾篇》記載孔子把演奏音樂的道理，告訴魯國的樂官說：「樂其可知也。始作，翕如也。從之，純如也，皦如也，繹如也。以成。」可見孔子洞悉音樂的功能，小則能完成個人美善的人格，大則能締造一個瀰漫著仁

六十八 宋、朱熹《四書章句集注》《孟子集注卷十三》：「政，謂法度禁令，所以制其外也。教，謂道德齊禮，所以格其心。」，頁三五三。

六十九 王邦雄、曾昭旭、楊祖漢《論語義理疏解》〈文化的摶造〉，頁二九六。

愛精神的社會，使一切人與人的關係達到最圓滿的境界。孔子的哲學思想，是在闡述發揚仁道，他的教育政策，是以推行導正社會的禮教樂化為鵠的。

綜合以上的敘述，可見在孔子心目中，一個想成為文質兼備的君子人，不僅要學識淵博，知書達禮，而且要能貫通古今，仁民愛物。在家中能夠孝順父母，友愛兄弟姊妹；在社會上是個講信修睦，見賢思齊的公民。如果能夠從政為官，一定能夠施展政治抱負，卻仍然堅守仁道的尊嚴，為天下、國家、整個社會致上深厚的關懷，並且勤政愛民，誠如《大學》上所說：「古之欲明明德於天下者，先治其國；欲治其國者，先齊其家；欲齊其家者，先脩其身；欲脩其身者，先正其心；欲正其心者，先誠其意；欲誠其意者，先致其知；致知在格物。」，可見聖人教化人民的用心良苦。

第八章　論孔子禮樂思想的時代意義

儒學生發於遠古三代，明君以「制禮作樂」作為經國的先務，及教化人民行為的規範，所以《禮記·樂記》上記載：「禮節民心，樂和民聲，政以行之，刑以防之，禮樂刑政，四達而不悖，則王道備矣。」[一]，由此可知禮樂是立國的基本精神。禮樂制度植根於華人的心靈之中，並且落實在人們的生活情境之中，成為中華族傳統社會與傳統文化的主要精神形態。儒家整體的宇宙觀，自強不息而又厚德載物的做人之道，「克己復禮」、「己立立人」、「己達達人」「和而不同」等個人修為的主張，及中和美善理想人格境界之追求，都具有重要的時代意義，可以利用科際整合的方式，重新加以詮釋，經由創造性的轉化，成為改善現代社會風氣和滋潤現代人類心靈的源頭活水。

中國五千年文明所孕育的人文精神，是我們走向二十一世紀科技昌明時代的重要精神資源，更是延續炎黃子孫精神命脈的根基。弘揚中華文化，特別是作為其內在本質的儒家人文精神，有助於克服當前國家社會與人族群生活的諸多困境，尤其有利於目前社會倫理道德的重建[二]。而孔子禮樂教化的精神，歷經朝代的更迭，卻是歷浩劫而彌新。正說明了通過禮樂教化的實施，才可以彰顯倫常之道，

一　林安梧先生主編《兩岸哲學對話——廿一世紀中國哲學之未來》郭齊勇撰第三章〈儒家人文精神與全球化〉（臺北，學生書局，二〇〇三年一二月），頁七〇。

使得天下的人民，找尋到安身立命之道，並且踐履篤行「仁」道，以提昇自我的德性生命，這就是孔子所說：「仁遠乎哉？我欲仁，斯仁至矣。」《論語．述而篇》的表徵。

唐君毅先生曾經指出，現代人所而面臨的荒謬處境是「上不在天，下不在地，外不在人，內不在己」。中華人文精神，特別是儒家的人文精神，可以救治現代人的危機。如前所述，它強調用物以「利用厚生」，但不可能導致一種對自然的宰制、控馭、破壞，它強調人文建構，批評迷信，但決不消解對於「天」的敬畏和人所具有的宗教精神、終極的信念與信仰。儒家甚至主張人性、物性中均有神性，人必須尊重人、物（乃至草木、鳥獸、瓦石），乃至盡心—知性—知天，存心—養性—事天。至誠如神，體悟此心即天心，就可以讓人們的精神生活達到中和美善的境界。儒家的禮樂思想，並不脫離生活世界與日用倫常之間，相反，在平常的俗世生活中就可以追尋精神的超越。外王事功，社會政事，科技發展，恰恰是人之精神生命的開展。因此，中華人文精神完全可以與西學、與現代文明相配合，正如我們前面所說的，它不反對宗教，不反對自然，也不反對科技，它可以彌補宗教、科技的偏弊，與自然相和諧，因而求得人文與宗教、與科技、與自然調適上遂地健康發展[二]，這的確是深中肯綮的言論。

二 唐君毅《中華人文與當今世界（下）》，《唐君毅全集》卷八，（臺北，學生書局，一九八八年），頁四四—五一。

孔子的教育精神是文化的理性主義的精神，而其教育的方法正是靈活萬變，不固執、不拘泥、守經達變的藝術。反觀時下，教育已喪失理想目標，隨著世俗的價值在翻滾，教育的方法已教條化，教師已喪失了教學的主體性，文化的生命將隨著近百年來的「急功近利」、「喪失自信」而衰、滯、疾、滅。當今的我們不感覺到這是民族的危機、社會的危機嗎？在教育的這一環上，我們建議要重新檢討我們現有的教育目標和教育的方法[三]。茲述孔子禮樂教育思想的時代意義如下：

第一節　人文精神的自覺

曾國藩說：「風俗之厚薄奚自乎？一二人心之所嚮。」盱衡台灣社會的發展，功利之風猖獗，價值體系低俗，暴戾之氣甚囂塵上，主因在於人們的心靈，沉淪在功利與物欲中，遠離了文化的源頭活水。今日台灣的病原，在於喪失了維繫社會安定的文化價值。雖然在大眾傳播媒體，經常介紹種種有關文化的各項活動，例如閱讀圖書的讀書會、文學與藝術的創作、音樂的鑑賞、戲劇的表演……，從陽春白雪到下里巴人，無不有人創作與觀賞，而且相當活躍。但是台灣社會上普遍欠缺的，乃是文化的主流意識，換言之，就是社會公認的行為準則，由此準則人們的行為就可以有所遵循，並且能夠分

[三] 林義正《孔子學說探微》〈由孔子的思想談教育的藝術〉，頁二〇七。

辨是非善惡，知道什麼行為是正確的，什麼是錯誤的，什麼是美好，什麼是醜陋。使自己的言談舉止中規中矩，而不會有踰越禮法的惡行惡狀出現。因此我們必須認真思考，如何建構一套幫助我們走向未來的文化價值系統。如果不及時設定方向，抓緊台灣的船舵，恐怕這美麗的島嶼勢將淹沒在新的野蠻世界，這的確是不容我們掉以輕心的社會癥結。

中國文化的慧命，隨著先民從神州大陸飄洋過海，來臺墾殖，篳路藍縷，以啟山林，終於可以在婆娑之洋，美麗之島落地生根，從臺南鄭成功祠的陳列館中，保存有沈葆楨的對聯：「開萬古得未曾有之奇，洪荒留此山川，作遺民世界」的上聯中，我們可以體會到先民們胼手胝足，開創草萊的堅苦卓絕。台灣進入世界歷史，自從閩粵移民陸續到達此地，攜來了中國文化，四百年來，除了日本統治的五十年外，此地民族，不論是移民後代，抑是涵化於中國文化的原住民後代，讀的是中國書，寫的是中國字，信仰的是觀音關帝與媽姐。孝悌忠信，慎終追遠的美德，可以從人們聚族而居，鄰里鄉黨守望相助，敬老尊賢，長幼有序等等行儀上，可見儒家的價值系統，在日用倫常的生活世界中彰顯出來，不必人人是讀書人，傳統的文化思想已根深柢固的深入人心，成為人民日常行為的準則。

日本文化原是中華民族的支派，是東亞文化共同體的一部分。明治以後，日本改弦更轍，投入西方文化圈，最終仍是流於東方與西方混合文化的狀態。在中日甲午戰爭以後，日本以武力強索台灣，台灣淪為日本的殖民地，常達五十年之久。殖民地主人移植了管理制度，也要求台胞服從，日本的行為模式及語言制度也因此移植於台灣。可是，移植的往往只是具有形式意義的文化制度，至於文化發展的實質內涵精神，卻未能真正在台灣萌芽滋長。於是東方與西方混合的日本文化體系，並未在此地落地生根；有之，也只見之於不到台胞人口百分之七的「皇民」，百分之九十三的台胞，還是涵泳於中國文化體系之內。可是世界的變遷如水般澎湃奔騰，各國的文化體系都有更迭，各個文化體系又彼此共存，以致於身處廿一世紀的人類，在文化多元與不斷變化之下，處處有文化主軸流失的困惑。舉世擾攘於功利主義的消費文化下，有熱鬧的文化活動，卻缺少了對文化價值根源的探索[四]，不禁令人憂心不已。

在人類社會的發展過程中，各個不同的文化體系會都設定一些基本假設，從這些基本原則引申出適當的行為標準，文化體系會時代的變遷，特定的時空而產生調節性的變革。台灣進入世界歷史中國文化體系設定的基點，乃是以「人」為中心，而又重視人與人之間的互動，發揚孔子推己及人的恕道精神，並且期許人人能以儒家「誠意、正心、修身、齊家、治國、平天下」的理想目標自勉，引領國家朝著世界大同的願景為鵠的，這一設定的基點，當可建構未來人類共同文化的價值體系。當我們衷心期盼，台灣的社會，能自已整理與界定一串價值理念，自由與自制相輔，平等與公平相輔，人權與責任相輔，而其根本則須奠基在，人與人之間的寬容與誠信。世界已進入二十一世紀，我們不須再以十九世紀的日本抄襲了當代歐洲文明，即代表了「現代」，也不應以屢經喪亂之中國，為落後與低劣

四　許倬雲〈莫傷大樹根，樹倒巢傾覆〉（臺北，中國時報二〇〇四年六月七日）A二版，星期專論。

文明的表徵。在舉世身處文化迷惘的困窘時，千萬不要鼓動自鏟文化的根源。邯鄲學步者，終於難逃「失其故步」，以致「匍匐」不能自行。[五]這一段語重心長的話語，猶如醍醐灌頂，值得大家深自反省。

歷史，不只是一連串的故事；文化，也不只是一大堆的遺產。歷史文化乃是一條生命之流。其中有聖賢的德慧，有豪傑的肝膽，有英雄的忠烈，有志士的節義，還有詩人的才情，藝術家的靈巧；所以歷史文化是由無數人的精誠心血匯聚而成的，一條浩浩蕩蕩的生命之流。在這個以生命來灌溉、以心靈來潤澤的人文世界裡面，我們可以緬懷千古，和所有的歷史人物旦暮相遇、心志相通。我們也可以馳騁於大地，在文化的鄉土上，游息流連，安身立命。蔡仁厚先生以前說過二句話：「不有前人之型範，何來流風餘韻？不有後學之繼踵，何來慧命相續？」因為教育最基本的功能之一，就是維護文化的鄉土，開發文化的鄉土。也只有在民族文化的鄉土上，我們才能得到文化的薰陶，才能獲得文化的教養。[六]由於人的德性生命，可以自我提生升、自我開擴，而向各方面流通貫注，所以能夠完成多元性的價值創造。儒家是要把倫理關係擴大到人類社會，再把整個社會都籠罩在人倫之道這個綱維網中。由於這種倫理精神的薰陶，所以任何一個中國人都能隨口說出「天下為公」、「世界大同」這種

五　同上註。

六　蔡仁厚《儒學思想的現代意義》壹〈生命的提昇與流通〉，頁三二九。

高度理想性的話，這就表示中華民族乃是一個最具備天下情懷和世界情懷的民族[七]。坐而言，不如起而行，期盼人人有此共識，為弘揚中華文化而努力以赴。

什麼是人文主義呢？英文中之人文主義 HumanIsm 一詞，源自羅馬字之 Humanitas，其意義就是文化。易言之，就是以『人』為中心的文化；用之於教育上，就是以「人」為中心的教育。（註二）以人文主義為中心思想，透過教育所建立的一種文化素養，就是所謂的人文素養。何謂「人文」？人文一詞，最早見於《周易．賁卦．彖》上說：「文明以止，人文也。觀乎天文，以察時變；觀乎人文，以化成天下。」其中「文明以止」這個止字，就是大學「止於至善」之止。止，是表示貞定。文明，不是形形色色、雜亂無章的東西，必須通過人的道德實踐，以至善的原則來貞定它，所以說「文明以止，人文也」。而且，也必須是「文明以止」這樣的「人文」，才足以「化成天下」。可見「人文」這二個字，實含蘊著「善成價值，化成天下」的功能，觀察人類的文明，可以推行教化，使天下昌明。所以《孟子．滕文公》，上篇說：「人之有道也，飽食煖衣，逸居而無教，則近於禽獸。聖人有憂之，使契為司徒，教以人倫，父子有親，君臣有義，夫婦有別，長幼有序，朋友有信。」又說：「夏曰校，殷曰序，周曰庠，學則三代共之，皆所以明人倫也。人倫明於上，小民親於下；有王者起，必來取法，是為王者師也。」[八]說明由教育所建立的一種文化素養，是用來闡明人倫大道的，在上位的君王能夠

七　同上註。

八　宋、朱熹《四書章句集注》《孟子集注卷五》：「庠以養老為義，校以教民為義，序以習射為義，皆鄉學也。學，國學也。共之，無異名也。

實行倫理道德，在以身作則及上行下效的推波助瀾下，人民自然會興起相親相愛、仁民愛物的風氣來。可見人文精神是中華文化的支柱，也是維繫倫理道德的基石。

人文教育涵蓋了民族精神教育、倫理道德教育、生命教育、情意教育、兩性平等教育．．等方面的課程。在教學方面，應著重創造力的啟發，經驗的學習以及情意的陶冶。[九]英國牛津大學副校長黎芬司東（LTINGSTONE）在他所著「一個動盪世界的教育」一文中說：「教育應以養成德操為第一要務；而德操的養成在使學子多看人生中偉大的事情，多識人性中上上品的東西。人生和人性的上上品，見於歷史和文學中的很多，只要人們知道去找。」[十]這的確是發人深省的言論，因此各級學校應該加強國文、哲學、歷史、公民與道德方面的課程，使學生由認知層次，提升為篤實踐履，以培養健全的人格，進而成為明禮義、知廉恥、孝順父母、尊敬師長、友愛同學的好學生。

儒家向來最重視教育，而儒家的教育，可以稱之為「人文教育」。人文教育的宗旨，簡單地說，就是「立志、做人」。儒家肯定「人皆可以為聖賢」。而現代一些知識分子，卻以為這是一句誇大之言，那是由於他們不會反躬自省、不懂得自尊與自愛，這是看不起自己的表現。他們所欠缺的是—「人」的自覺，總以為自己不過是高等動物而已，所以不懂儒家站在「人」的立場而說「人皆可以為

倫，序也。父子有親，君臣有義，夫婦有別，長幼有序，朋友有信，此人之大倫也。庠序學校，皆以明此而已。」，頁二五五。

九 陳立夫《孔孟學說與人文教育》，人文教育，第十二講，頁六頁。

十 江雲鵬《郁郁乎！人文教育》，師友月刊，八二年二月。

聖賢」這句話深遠的涵義。如果我們自覺是一個「人」，那麼「人皆可以為聖賢」就是一句很平實可行的話。堯、舜、孔子，都是人，我們也是人，所謂「有為者亦若是」，為什麼不敢自信呢？這句話的意思，就是肯定每一個人都可以通過他的自覺實踐而完成他自己，完成自己的德性人格，完成自己的生命價值。這是對人的生命最真實的尊重，也是最高度的信心[十二]，及有志者事竟成的表現。

儒家的人文教育既然以「立志、做人」為宗旨，我們就順著「志」這個字來想一想。志，有二個意思，一個是「心所存主」，一個是「心之所向」。存主在我們心中的是什麼樣的原則呢？我們心所嚮往的是個什麼樣的目標呢？孔子說過「志於道」、「志於仁」。存主在心的是仁、是道，心所嚮往的也是仁、是道。儒家以仁為道，仁就是道之所以為道的本質性的內容。因此，我們也可以說：表現「仁」的意義，完成「仁」的價值，就是儒家人文教育的理想[十二]，教育是不離生活天地，不離生命源頭的，是來自生命內在動源的揭發、創生與成長，人是活在整個生活世界的，因此人文學問豈能無通識。沒有通識，以為學得資訊科技方面的知識及西方的理論，就是走在時代尖端，這種萬靈丹式的思考，一元而獨斷[十三]，猶如井底之蛙思想封閉而狹隘。

十二　蔡仁厚《儒學思想的現代意義》壹〈生命的提昇與流通〉，頁三二九。
十三　同上註，頁三三三。
十三　林安梧先生《臺灣文化治療——通識教育現象學引論》卷二〈活在整個世界中——「通識之死」與「學術暴力」〉（臺北，黎明文化，一九九九年二月）頁四四—四五。

周代的禮樂教化，集宗教、倫理、政治於一身，其中表現了中華民族「人」的意識、「人文」的意識的凸顯。禮治顯然是先聖先賢積極有為之治，但從本源上講，禮的源頭是「天地」、「先祖」和「君師」。天地是人類生命的本源，先祖是人群族類的本源，君長是國家政治的本源。所以，禮文，在上方的目的是事奉天，在下方是事奉地、尊敬先祖、尊重君長，這種倫常道德是安定人民之根本。而禮、樂之教，當然還有詩教、易教、書教等等，是用來對統治階層、知識階層的人，陶治身心，端正品行的，繼而用來提昇百姓的文化素養、人格境界，調節、滿足人們的物質與精神需求[十四]。所謂「禮以道其志，樂以和其聲」《禮記．樂記》，就是用禮來引導人民的行言行舉止，使他們能夠克己復禮；用音樂來調和民心，以培養溫和美善的氣質，就是這個道理。

孔子的時代是中國人「人文意識」覺醒的時代。孔子說：「周監於二代，鬱鬱乎文哉，吾從周。」《論語．八佾》孔子把繼承了夏商兩代文明而又有所創新的豐富繁盛的「周文」，作為我們民族深厚的大傳統。「周文」源於且不脫離原始宗教而又強調了禮樂教化。禮使社會秩序化，樂使社會和諧化。孔子點醒了、拯救了周代禮樂文明的活的精神，並把它提揚了起來，這就是「仁」的精神！「仁」是禮樂的內在本質，缺乏「仁」道內涵的禮樂，只會流於形式軀殼、虛偽的儀節，所以孔子才會大聲疾呼：「人而不仁，如禮何？人而不仁，如樂何？」《論語．八佾》。孔子的「仁學」是中華人文精神

十四 林安梧先生主編《兩岸哲學對話──廿一世紀中國哲學之未來》郭齊勇撰第三章〈儒家人文精神與全球化〉，頁七二。

的宗旨，是人文主義的價值理想，此不僅是協和萬邦、民族共存、文化交流的指導原則，而且也是「人與天地萬物一體」的智慧。無怪乎《全球倫理宣言》的起草者孔漢斯先生，把孔子的「己所不欲，勿施於人」作為全球倫理的黃金規則[十五]，洵非虛言。

儒家的倫理道德思想，走過悠長的歷史歲月，猶如不盡長江天際流，為傳承中華文化，而澎湃奔騰，堪稱：「為天地立心，為生民立命，為往聖繼絕學，為萬世開太平。」並沒有陷於人類中心主義和人文至上主義的立場，反而謹慎地處理了人文與自然、人文與宗教、人文與科學的關係。儒學為經濟全球化可能提供如下的精神和人文智慧：第一，禮樂文明的再創，文化空間的開拓與社會文化資本的積累和人類情感的培育；第二，儒家核心價值觀念的確立，「己所不欲，勿施於人」，「仁、義、禮、智、信」，「敬業樂群」等對於建構現代全球倫理、社群倫理、家庭倫理、工作倫理和新的人與人之關係具有積極的意義；第三，「人與天地萬物一體」「民胞物與」等理念有助於建構新的生態環境倫理和可持續發展的戰略規則；第四，天命、天道、神聖、敬畏感與動而愈出」的人文根源而來[十六]，這的確是足以發人深省的言論。

臺灣自從民國五十七年國民義務教育延長為九年以後，受教育人口倍增，人力素質的提昇，對國家社會及經濟發展，有其實質的貢獻。但由於功利主義的影響，萬般皆下品，唯有讀書高的觀念，再

十五 孔漢思等：《全球倫理》，（臺北：雅歌出版社，一九九六年一一月）。
十六 林安梧先生主編《兩岸哲學對話——廿一世紀中國哲學之未來》郭齊勇撰第三章〈儒家人文精神與全球化〉，頁八二。

度深植人心。在考試引導教學的情況下，學校教育偏重「智育」的發展，而忽略生活規範、倫理道德的陶冶。為了聯考，學生紛紛以升學科目為學習的主軸，而偏廢通識教育科目。

「這是最好的時代，也是最壞的時代；這是智慧的時代，也是最愚蠢的時代。」[十七]這句名言足以發人深省。環顧國內社會的發展，功利之風猖獗，價值體系低俗，暴戾之氣甚囂塵上，人文精神沒落，教育功能的逆文化取向，導致倫理道德的低落與社會價值觀的偏頗。青少年學生受到此種意識型態的污染，以致校園暴戾事件層出不窮，尊師重道的思想已日漸式微，學生越軌的行為日增其界面與縱深，由觸犯校規而至於犯法犯罪，這的確是不容我們掉以輕心的教育問題。

第二節　儒家經典語言的詮釋

林安梧先生說：「現代青年不讀經，如何能深入瞭解中國固有文化？由於現代中國青年一般不讀經，使得中華文化變得稀薄，甚至快要消失殆盡。我們要重新點燃讀經的風氣，經典乃是文化歷史的民族智慧結晶。惟有時時刻刻地去參與、詮釋它，這樣的經典才是活的。經典必須通過我們的參贊而說話，才能開展累積它自己。但如何去點燃讀經的風氣，則有勞大家共同來思量這個問題。個人認為

十七　狄更斯《雙城記》。

講習很重要，怎麼的講習呢？進入經典、參贊經典，使經典與讀者結合為一，而體現表達出來。我們希望有很多經典的講習，但害怕的是被現世的利益團體所利用，那就不好了。我們也擔心經典成為「啦啦隊」，那就糟糕了。我們應詮釋經典，而不是要經典當啦啦隊，這是不同方向的。我們更害怕它成為學生考試所須背誦，但毫無理解性的東西。僵化式的扣連在一塊，不但無法使經典開展說話，反而禁錮了經典，經典會因此而死亡。這是我們所擔心害怕的，在座諸位只要讀過經典，也會省察到這些問題。」[十八]這一番語重心長的話語，值得大家對儒家經典痛下針砭。

熊十力先生也有一段精警透闢的言論：「每見青年問學，開口必曰方法，此極可惜。須知學問方法，必待學成而後能明其所以。至求學時代，則全仗自家一副精心果力，暗中摸索，方方面面，不憚繁難，經歷許多層累曲折，如疑惑、設計、集證、決斷、會通、類推等等，其間所歷困難與錯誤，正不知幾許。窮年屹屹，而後有成。一旦豁然，回思經歷，方自見有其所循之方法，可舉以告人者。然亦略舉大端而已，至其甘苦隱微，終不能揭示於人，莊子斷輪之說是也。今日後生開口便問方法，至於自家是否具有真實心力，則一向怠慢，不會反省。譬如懦夫，自無能行之力，空訪路途，其能舉步否耶？」《十力語要卷四．與鄧子琴等書》此一段話猶如暮鼓晨鐘，勸勉大家讀書的態度，要循序漸

[十八] 牟宗三、唐君毅等《寂寞的新儒家》林安梧先生講〈五四前後的中國儒學〉，頁一〇八。

進，不可以心浮氣躁。在日積月累，努力鑽研之後，才能心領神會，有所心得，值得大家奉為研究學問的圭臬。

盱衡我們社會的發展，工商發達，功利之風猖獗，好逸惡勞的風氣充斥整個社會，以財富作為生活目標的價值取向，導致人文精神的沒落。而現階段的學校教育制度，脫離不了升學主義的窠臼，只著重智育的灌輸，而忽略了學生品格的陶融和文化的涵養，以致學生心靈閉鎖而短視，校園暴力事件屢見不鮮，尊師重道的風氣已日漸式微使得傳統的校園倫理受到嚴重的衝擊與考驗。

電腦科技文明一日千里，網際網路的推出，實現遠距教學的夢想，在「人人會電腦，個個會上網」的目標下，電腦走入了家庭、學校及社會，成為人類互通訊息最便捷的工具。但是其負面的價值，卻不容我們掉以輕心。例如：盜用信用卡帳號、密碼，卻成為危害社會的犯罪工具；而色情網站氾濫，不僅戕害青少年的心靈，也使得青少年犯罪率節節昇高，形成社會最大的隱憂。現代青少年愈來愈叛逆，逃學逃家、飆車砍人、濫交、吸毒，到底所為何來？而且是愈富裕、文明、進步的社會愈是如此，這似乎已經是一個普世的現象。但在這現象的背後到底蘊藏怎樣的生命訊息？倒值得我們好好解讀。他們的蒼白慘綠、苦悶閒愁到底來自何處？他們心裡真正想要的是什麼？怎樣才能幫他們找到生命的出路，而讓這一股浮盪之氣安靜下來[十九]，進而深思如何開創自己未來的生涯之旅？

[十九] 曾昭旭《存在感與歷史感──論儒學的實踐面向》〈自我意識與道德意識的衝突辯證〉（臺北，臺灣商務印書館，二〇〇三年八月），頁三七。

當代的青少年問題就是時代問題的縮影，所以我們要解決青少年的問題，為他們解決苦悶，找到生命力的出口，也要用為整個人類找尋出路的態度去從事才行。換言之，我們已不能用先知、威權、指導者的姿態去教導他們如何？如何？每位為人師表，應當先反求諸己，是否有以身作則，因為「以身教者從，以言教者訟。」。並且要體認青少年他們的生命問題就是我們自己的生命問題，推而廣之，也就是整個現代人類的共同問題。正是因為我們大人自己的生命問題未解，才投射到他們身上呈顯出來的啊[二十]！這一段沉重的肺腑之言，是每位為人師表，責無旁貸的重任。

展讀歷史的記載，可以明確的知道，孔子就是在「周文疲弊」（客觀的體制、秩序已逐漸喪失其合理性）之際，以宏觀的視野，以真知灼見，為困惑徬徨的世道人心，點出了一體之「仁」（主體性），以作為人性中的價值根源，幫助人從對外在體制（禮）的依賴（藉外在合理性，來保障人的存在價值）抽回，轉而憑藉人的根本自信（仁者不憂、我欲仁，斯仁至矣）來貞定人的存在價值。也就是肯定了「禮之根本在仁」，而開出了反求諸己、自我肯定、自內而外地實現人生理想，用此一生命哲學的格局[二十一]，來挽救頹靡的世道人心。

《管子．權修篇》上說：「一年之計，莫如樹穀；十年之計，莫如樹木；終身之計，莫如樹人。」說明教育是百年樹人的興國大計，不可以偏廢。教育是以人為對象，教育的過程便是師生之間適切的

二十　同上註，頁四七。
二十一　同上註，頁四一。

互動，所產生的涵育成果。[二十二]因此至聖先師孔子注重「以人為本」的教育思想，所以孔子說：「性相近也，習相遠也。」《論語．陽貨篇》以及「里仁為美，擇不處仁，焉得智。」《論語．里仁篇》；孟子主張「人性本善」，認為「人皆可以為堯舜」《孟子．告子篇下》，從《中庸》首章說：「天命之謂性，率性之謂道，修道之謂教。」可知中國幾千年來的儒家教育思想都以發展人性，培養人格為基礎，只要人人自己肯努力，接受教育的薰陶，把天賦的善性充分發揮出來，就可以達到「內聖」、「外王」的至善境界了。

「經典」是一個民族歷史文化的結晶，經典得經由人去開顯它，所謂的開顯，就是從理解、詮釋乃至批判及重建的一長串辯證歷程。借由明代大儒王夫之的詮釋方法論，將理解、詮釋、批判及重建等歷程串聯來。經由這一歷程的琢磨，才能凝結成所謂的「文化教養」；並且這樣的「文化教養」是正反兼收，在辯證對比的情境下，遮撥其反，凸顯其正，而達到真正的思想教育。思想教育不是僵化的教條，不是獨斷的宣說，不是御頒，更不是欽定；而是要使得每一個受教育的人能建立自己的人生觀，通極於歷史文化、通極於宇宙總體的根源──道，來樹立健全的自我[二十三]。我們讀經典，最重要的在於詮釋、開展它的道理。讓我們和經典結合，我們才能說出經典的話，經典透過我們發言，因我們

[二十二] 李同立《文明以上，人文也──以人文提昇精神次》（臺北，師友月刊，八二年二月），頁二三。
[二十三] 林安梧先生《論語──走向生活世界的儒學》第貳部〈對談與議辯〉，頁一五九。

的參與，而使經典開展。這樣看儒學，自然會有許多面向。[二十四]因此先經由「經典詮釋」的陶鑄，才可以培育有「文化教養」的人，如此才合乎「思想教育」的真諦。

盱衡目前我們的國文教育，尤其作為文化思想教育的《中國文化基本教材》的教育方式，便沒有掌握住經由「經典的詮釋」、「文化的教養」而「思想的教育」的步驟；恰如其反，它太強調思想教育，而忽略了文化教養的重要性，更忽略了經典詮釋的首出性。再者，它所謂的思想教育過於刻板，引用教條式的政治名人言論來填塞，好像只要能夠背誦幾位偉人的名言，就一切沒問題了。作為一個教科書的編輯者，應該將偉人的言論，恰當而妥貼的融入教材之中，而不是隨意拼湊就算了事。因為畢竟近代的政治名人，他們祇是經典的詮釋者，經典是主，他們是從；如果反從為主，經典便成了啦啦隊[二十五]。如此一來便將窒塞了經典蓬勃的生機，使得經典僵化沉淪，更遑論陶冶青年學子心性的文化教養了。

當前學校教育應該如何落實儒家的經典與詮釋工作？首先各級校不可以忽視人文博雅教育（liberaleducatio）的陶冶，落實以人為本，注重全人發展的新方向，致使個人具有適應社會生活的知能和濟世的關懷。[二十六]將心理學「全人」的概念引用到教育

[二十四] 牟宗三、唐君毅等《寂寞的新儒家》林安吾先生講〈五四前後的中國儒學〉，頁九七。

[二十五] 林安梧先生《論語—走向生活世界的儒學》第貳部〈對談與議辯〉，頁一五九—一六〇。

[二十六] 吳政峰《從洛克《教育漫話》中的紳士教育及技藝教育觀—談技職教育的全人發展》（臺北，教育雙月刊七〇期，九一年八月），頁五〇。

上，即是「全人」教育（wholesome education），意即「健全的教育」、「完整的教育」，也就是德、智、體、群、美五育兼備、均衡發展的教育。「全人教育」是兼顧理性、情感、意志和性靈的教育。不光是灌輸學生的知識與專業技能，尤其重要的是鍛鍊學生的頭腦與心智，使之聰明且清醒，具有獨立的思考能力，能明辨是非，循規蹈矩[二十七]，進而培養負責守紀，能夠服務人群、關懷社會的高尚人格。

其次要加強民族精神教育，首先各級學校應加強有關民族精神、倫理觀念與民族文化方面的課程，如經由國文、中國文化基本教材、歷史等課程，使學生了解我國民族傳統文化的精深與博大，進而激發學生忠勇愛國與努力進取的精神。其次要加強倫理道德教育，使學生體認我國固有道德的重要性，並且應該將倫理與道德涵泳於日常生活中，除了倫理的灌輸外，應該重視潛移默化的重要性。在教材方面，應多引用當代人物為典範，且以現實生活作直接的編譯，切忌陳腐教材，免得學生有隔靴搔癢過高的感覺，使學生由認知層次，提升為篤實踐履，以培養自律、自發的性格及健全的人格，進而成為明義理、知廉恥、孝順父母、尊敬師長、友愛同學的好學生。

依據教育部所頒定的高級中學國文教學目標：一、提高學生閱讀及寫作語體文之能力。二、培養閱讀淺近古籍興趣，及寫作明易文言文之能力。三、輔導學生閱讀優良之課外讀物，以增進其欣賞文

二十七　林淑瓊《淺談全人教育》http//www.mnd.gov.tw/division/ 頁一一二。

學作品之能力與興趣。四、灌輸傳統文化，啟迪時代思想，以培養高尚品德，加強愛國觀念，宏揚大同精神。由上述四項教學目標來看，國文教學的任務不僅止於傳遞固有文化為滿足，更應積極強調創新的功能。在科技文明一日千里的時代中，國文教學應該具備相當的實用性，才能應付變化多端的大千世界。國文教育的目標，首先應該訓練學生有犀利的言辭（包文章的寫作在內），進一步訓練他們具有敏銳的觀察力和思考力，能深入的探討問題，且要舉一反三，觸類旁通。進而培養學生具有清明的智慧，民主的風度，科學的精緻，能夠以冷靜的頭腦正視問題，以善感的心靈欣賞人生，在社會上成為一個知書達禮、文質彬彬的優秀青年。

的確，在因應未來更具開放性的與多元化的社會發展趨勢，我們應該加強國文教學尤其是儒家禮樂思想的教育。引領學生開啟中國文學的堂奧，給予他們倫理道德的涵養，進入傳統優良文化的領域，重新塑造中華文化的價值觀。所以每位國文教師應負起人文教教育的清流，洗滌功利主義的污染，以提昇學生的人文素養。

根據蔡仁厚先生的分析，儒家哲學的重要貢獻，有下列四點：（一）儒家開發了「人性本善的道德動源」與「天人合德的超越企向」。（二）儒家建立了「孝弟仁愛的倫理思想」與「情理交融的生活規範」。（三）儒家體證了「生於憂患，死於安樂的人生智慧」與「因革損益，日新又新的歷史原則」。[二十八]（四）儒家提揭了「修齊治平，以民為本的政治哲學」與「內聖外王，天下為公的文化理想」。

在廿一世紀知識濟時代，由於科技文明的蓬勃發展，人類生活已漸漸由以求取溫飽為謀生中心之階段過渡到以自我實現為中心之階段，因此人人理當普遍以良心自覺、價值創造、愛心流注為生活主題，而逐漸揮別過去以集體安全為重心的生活形態。於是強固的威權體制崩潰，開放、自由、民主、多元的時代來臨。在此尤其重要而切題的是女性的開放、啟蒙、自覺，導致兩性的平等互動，家庭結構也由傾於權力結構的大家庭轉為回歸感情與愛的小家庭。於是，一份早該由夫婦倫所承擔起的責任便水到渠成地自然浮現，這當然就是通過最平凡自然的日常生活、最直接綿密的生活接觸，揣摩權衡、反省修正，而開發提鍊出人心本具的愛人能力、潤物智慧。[二十九]由上述可見，人文教育，在教學方面，應著重創造力的啟發，經驗的學習以及情意的陶冶，其最終的目的，是達到個人自我之實現，使個人更富有人性化，以增進良好的人際關係，也就是要豁顯孔子禮樂教育的最終目標。

一個國家的興盛衰敗，取決於民族文化的興滅繼絕，而固有文化的榮枯，又繫於教育的成敗，此乃千古顛仆不破的真理。所以在日常教學上，要格外注意心理建設教育的加強。康德說：「好教育是世界上一切善的源」，的確要改善庸俗、功利、貪婪等特質，為了挽救文化斷層的危機，就應該以人

二十八 蔡仁厚《儒學的常與變》陸〈孔學的常道性格與應變功能論要〉，頁九五。

二十九 曾昭旭《儒家傳統與現代生活—論儒學的文化面向》〈人文精神之落實與主導倫理之重建〉，頁一〇九。

文精神喚起人的自覺，提昇人類的地位與價值。教育是引領國進步的標竿，面對知識經濟發展的時代，而每位教師應該以終身學習的理念，來推動教育改革，建構以人文為本，以科技為用的新世紀。

第三節　禮樂文化的再創

儒家思想是中華文化的主流，自孔子、孟子建立了完整體系以後，迄今已歷兩千餘年。在世界文化史上，一直居於重要地位。我們可以從《論語》、《孟子》、《大學》、《中庸》四書中，瞭解到儒家學說不僅具有完整的理論體系，而且提示了切實可行的為人治事的原則。梁啟超先生曾說：「中國民族之所以存在，因為中國文化存在，而中國文化離不了儒家，若把儒家抽出，中國文化恐怕沒有多少東西了。」這句話正說明了儒家思想，不僅是我們精神生活的全部，而且是我們修齊治平的準繩。古人常以禮樂對舉，因為對舉，而讓我們在待人接物及個人心性的修養上，產生中和美善的作用；大家在禮樂教育的潛移默化中，社會才能興起仁民愛物的淳厚風氣。

我國的儒家學說，不能看成是個人的思想理論。孔子立教的文制根據就是周文，而周文的核心則在親親之殺、尊賢之等。《中庸》上記載：「親親之殺、尊賢之等，禮所生也。」由親親之殺、尊尊之等，演變為五倫，都是文制的表徵，這是經過夏、商而至周公制禮才確定的。五經中的史料以及道理，都涵蘊在其中。孔子刪詩書，定禮樂，贊周易，作春秋，其中心觀念，就是憑依親親尊尊之文制而產生的。文制不是個人的一套思想理論，後來經過孟子道性善，順仁義而直指本心，直向上透，於是開啟儒學高遠理境之門。經過宋明理學的發展，益臻廣大精微之境[三十]。這就是儒家思想「致廣大而盡精微，極高明而道中庸」的原因。

在中國，孔孟的禮樂的教化，不只是我們中華民族的德性生活的靈感之來源，而且也成為我們日常生活的常軌，如倫常、喪祭之禮等，這也是其文制的意義。我們今天想要開發承續儒家聖賢學問的統緒，必須深切注意到如何再使其轉為文制的建立。因為人生於世，要理解的知識浩如煙海，不能只懂得科學知識、具備民主政治的素養，就稱得上是有道德的知識份子。因為科學知識、民主政治不是文制。所謂文制，依據牟宗三先生的解釋，就是指人類日常生活的常軌。因為民主政治只是政治生活的制度。無論科學家、政治家、智、愚、賢、不肖，都不能不有日常生活。如果沒有客觀的文制作為道道揆法守，在社會上及人們的日用倫常之間，是非善惡的判斷標準，就會有混亂的現象產生[三十一]。

人最珍貴的成就就是發現了禮的創造根源，那就是人的創造性心靈，也就是孔子所謂的「仁」。所以林放問禮之根本，孔子稱讚說：「大哉問！」《論語．八佾》便因為這是劃時代之一問，是前人所從未想到，而孔子初有體證者，所以林放能問到這裡，便顯示他有時代感。而因有此一自覺，便使

三十　牟宗三《生命的學問》〈祀孔與讀經〉（臺北，三民書局，五九年九月），頁九九

三十一　牟宗三《道德的理想主義》〈人文主義的基本精神〉（臺北，學生書局，一九八五年），頁一五三。

孔子能成功地揮別舊時代，而引領出一個新時代及新的思維。在這新時代中，人的幸福可以不再依賴外在的禮制，來提供生活的保障，而可以靠著仁心的自覺，找到價值的內在根源（即孟子所謂「義內」），而通過內省默識、遷善改過的工夫以自立。例如，子張問：「十世可知也？」孔子便回答說：「殷因於夏禮，所損益可知也。周因於殷禮，所損益可知也。其或繼周者，雖百世可知也。」《論語．為政》，孔子所知，當然不是百世後的禮文內容，而是從三代損益中所透悟到的禮之所以為禮的創作根源，也就是仁心所涵的愛與理想性。並且又說：「先進於禮樂，野人也。後進於禮樂，君子也。如用之，則吾從先進。」《論語．先進》明顯表示了孔子對禮樂教化的重視，所以在周遊列國，偶遇不順遂之事，便會興起：「歸與！歸與！吾黨之小子狂簡，斐然成章，不知所以裁之。」《論語．公冶長》的感慨，就是孔子對弟子們雖脫略禮儀（簡），卻富有生命活力（狂），[三十二]寄予厚望的肯定。

我們對孔子所開啟禮樂文教的新時代，有如下的扼要認識：一、就本質而言：孔子提出了仁為幸福的保證原理，以取代人們對禮的依賴。也就是提出了仁心的自覺與修養，為人們安身立命之道，以取代純是嫻熟禮儀制度，並且納入生活結構的舊式傳統文化。二、就外緣而言，孔子為推廣這一種新學問，必須開發新的生命資源。於是打破了由菁英分子領導渾噩大眾的傳統格局，而開啟了「人皆可

[三十二] 曾昭旭《存在感與歷史感—論儒學的實踐面向》〈論人性發展史上心靈自覺的三階〉（臺北，臺灣商務印書館，二〇〇三年八月），頁五六—五七。

以為堯舜」、「布衣可以為卿相」的平民時代[三十三]。總之，孔子開創我國平民教育私人講學的風氣，中國傳統的教育思想與實際日用常的推行，雖然也有重仁與重智兩個面向，孔子卻以人格修養為教學的首要目標，所以孔子說：「弟子入則孝，出則弟，謹而信，汎愛眾，而親仁。行有餘力，則以學文。」《論語．學而》，可見聖賢教育學生，人格修養無疑是最主要乃至唯一的內容[三十四]，這自然形成中國人文傳統中重德的取向。

由孔子所傳承、發展的「為人生而藝術」的音樂，決不曾否定作為藝術本性的美，而是要求美與善的統一；並且在其最高境界中，得到自然地統一；而在此自然地統一中，仁與樂是相得益彰的。藝術是美化人生的重要方法之一；而藝術最高境界的達到，卻又有待於不斷豁顯人格地自我修養。這對孔子而言，就是由「下學而上達」的無限向上的人生修養，透入到無限的藝術修養中才可以做得到。而此時之快樂，乃是精神「上下與天地同流」，與萬化渾然為一體，自由解放的由衷之樂。古人常以禮樂對舉，因對舉而產生相輔相成的修養作用，所以《禮記．樂記》上說：「樂由中出，故靜。禮由外作，故文。大樂必易，大禮必簡。」，儒家以音樂為中心的「為人生而藝術」的性格，對知識分子個人的修養而言，其功用更為明顯。並且孔子個人所上透到的藝術根源的性格，也更為彰顯[三十五]。所

三十三 同上註，頁五七—五八。
三十四 同上註，〈中國人文傳統與現代育〉，頁七〇。
三十五 徐復觀《中國藝術精神》第一章〈由音樂探索孔子的藝術精神〉（臺北，臺灣學生書局，一九六六年，二月），頁二三、二九。

以《禮記．樂記》又說：「凡音者，生於人心者也。樂者通倫理者也。」，可見孔子以禮樂立教，對於培養仁德美善的人格修養是影響深遠的。

中國文化所以能持續五千年而不墜者，是因為我們的祖先發明人類共生存共進化的真理——「道德」。歷代聖賢相傳，到了孔子乃整理古代文化成為有系統的思想，到了孟子更加充實而發揚光大。孔孟學說的中心觀念是人性的發揚和人格的完成，是實踐倫理和社會道德，中華民族實因此教澤而發榮滋長。中華民族的倫理觀念，在三代以前就已形成，孟子說：「夏曰校，殷曰序，周約庠，學則三代共之，皆所以明人倫也。」《孟子．滕文公上》由於人倫的形成和發展，中華民族就靠天然具有的感情而團結互助，共生共存，以達數千年之久。而人文教育的施教目的，就是在使學者知道做人做事的基本原則。孔孟學說是人文教育的基本。《中庸》上記載：「唯天下至誠，為能盡其性；能盡其性，則能盡人之性；能盡人之性，則能盡物之性；能盡物之性，則可以贊天地之化育；可以贊天地之化育，則可以與天地參矣。」這個「盡」字時知無不明、行無不當的意思，說明中華文所以博大悠久，就是在於能夠「盡人之性」，以心、性、道為人倫教化的基礎，闡發人性的體與用為最終的目的，而成為人文教育。倫理、民主、科學三者是我們目前的教育方針，我們的教育以人為本位，倫理是建構在人與人的關係上；民主是界定在人與群的關係上；科學是說明人與自然的關係，總之，一切都是以人為本，離開了人就沒有所謂倫理民主科學了[三十六]。如果不注意人文教育的發展，一切物質建設也將失去意義，這的確是不容我們忽視的教育癥結。

教育最大的能事，在於誘導青年自動自發地求真、求善、求美；自律自由地成長、提昇、發展；自立自主地發揮才識智能，來為國家民族開創新機。就青年本身而言，他必須要有開放的心靈，也同時要有凝聚的心靈。沒有開放的心靈，不足以暢發生命以突顯理想；無凝聚的心靈，不足以貞定心志以敦品勵學。而對應當前國家的處境而言，我們的青年更要有躍起的心靈。躍起者，拔乎流俗，抗拒狂潮之謂。所謂中流砥柱，不只是一句口號而已。沒有真性情、真信念、真嚮往，如何能矗立中流？沒有大器識、大智慧、大心力，又如何能成為國家社會的柱石？因此教育者與受教者，都必須直立於民族生命和文化生命上，來顯發憤悱敦篤的真性情。都應該直接從民族文化生命起大信，以振發弘毅的志氣，確立守死善道的真信念。依於真性情和真信念而通觀中國歷史文化的發展，以開顯其未來的方向和途徑，這才是真嚮往。而器識和智慧的培養，則須經由學校教育，通過知識的傳遞，而顯發出來的人文功能。大心力的引發，也正是由此「淵然有容、動而愈出」的人文根源而來。那麼，當前學校教育普遍忽視中國文化義理薰陶的現況，難道還不足以引起教育當局的警悟嗎？[三十七]這的確是足以發人深省的針砭之言，從事教育工作者，應該確實身體力行之，而不可以掉以輕心。

三十六 《人文教育十二講》陳立夫〈孔孟學說與人文教育〉（臺北，三民書局，七六年七月），頁三-五。
三十七 蔡仁厚《儒學思想的現代意義》玖〈儒家的人文教育〉，頁三四五。

在廿一世紀知識經濟化的時代裡，我們應該如何彰顯儒家的人文精神和人文智慧呢？首先就是要再創禮樂文明，開拓社會上的文化空間，培育人與人之間情感的互動其次就是要發揚儒家人文精神的宗旨—「己所不欲，勿施於人」，「仁、義、禮、智、信」，「敬業樂群」等，來建構現代國家、社會、家庭、工作和人我之間，都具有良好的倫理關係，進而達到「親親仁民，仁民愛物」的理想境界。儒家倫理以成德成善為目標，其道德取向以及家族取向之特色，與現代倫理之法律取向以及社會取向，實無本質之衝突。儒家「以禮為綱，以法為用」。禮義是立國的綱維，法刑則是推行公務的具體措施。禮與法的關係，本屬相輔為用，相需而成。

孔子的教學理念中，最重視個人品德性情的修養，以及倫理道德的實踐。在個人品德性情之修養方面，孔子稱述最多的是「仁」，例如孔子說：「富與貴，是人之所欲也，不以其道得之，不處也；貧與賤，是人之所惡也，不以其道得之，不去也。君子去仁，惡乎成名？君子無終食之間違仁，造次必於是！顛沛必於是！」《論語．里仁》又如：顏淵問仁，孔子回答說：「克己復禮為仁。」《論語．顏淵》孔子告訴子貢說：「夫仁者己欲立而立人，己欲達而達人。」《論語．雍也》，由以上所引述孔子的言論，可以知道「仁」是孔子的中心思想，包涵了立身處世的各種美德。而所謂的「克己」、「己立」，是指自我品德的完成，正是「忠」的表現；「復禮」、「立人」，乃是社會群體和諧的表現，也是「恕」道的發揚。可見仁是一個人圓滿人格的表現，一個能愛人的人，一定能夠在人群中和別人維持良好的關係。孟子說：「親親而仁民，仁民而愛物。」《孟子．盡心上》這是儒家倫理道德最偉大的思想，乃是把仁愛的精神由父母之愛推廣到全人類及普天下的萬物。學生研讀論語、孟子，不僅要熟讀而且要身體力行「仁」的真諦，是在尊重他人的前提之下，來關心別人，隨時隨地，都設身處地為別人著想，如此一來世間的紛擾可以銳減，天下的和平指日可待。

第九章　由孔子禮樂思想反思當前的學校教育

傳統的文化，有一些普遍的精神義涵，值得我們去開發它，而傳統的經典，所形成的文化教養的「境域感」[1]。由老師作為思考的啟蒙者，帶領學生進入經典的世界中，來開啟儒家的禮樂教化內涵，使學生涵泳在經典的生活世界中，來點燃自己的生命，照亮個人的未來，所以孔子說：「不憤不啟，不悱不發，舉一隅，不以三隅反，則不復也。」《論語．述而篇》啟發教學法最早創始於孔子，孔子教學的最重要原則，就是啟發教學。他主張在教學的過程中，特別要重視培養學生們獨立思考的能力，和自動自發的研究精神，反對填鴨式的教學方法，以及完全依賴教師注入的被動學習方法。在教學的過程中，要學者自動自發的深思其意，然後才啟發之，如此，才能心領神會，學有心得。

經，是民族文化生命的結晶，以常理常道為主。孔子的禮樂思想，是順承中華民族文化生命的大流，以開顯文化理想、揭示生命方向、建立生活規範。因此，《論語》書中所宣示的道理，都是依於「心同理同」而講說，是關於生活的基本原理，是普遍共同的做人之道、立身處世之道。那些隨機指點的平正平實的話語，以及切關國計民生的通盤兼顧的講論，都是不可違離的常則常法，和必須秉持的常理常道。孔子的用心，並不在於提出一套特殊的學說主張；他們是站在「人」的立場，要來安立

[1] 林安梧先生《論語——走向生活世界的儒學》第壹部〈經典與生活〉，頁七五。

日常生活的軌道（使人人都能表現生活的意義），開出精神生活的途徑（使人人都能創造人生的價值）[二]。所以《論語》的以常理常道為主要內容，也是弘揚「中國文化」的重要教材，值得大家認真研讀。

教育是問答，是對話，是傾聽，經由傾聽而使得存有之道開顯。[三]孔子發現人與人之間，是通過一個生命主體的交往，在一個廣大的存在的「境域感」裡頭，經由深厚的文化教養，去點燃自己，並且照亮自己生命的內涵。[四]孔子是平民教育的創始者，有教無類。孔子的教育精神是文化的理性主義的精神，而其因材施教的方法正是靈活萬變，不固執、不拘泥、守經達變的藝術。反觀時下，學校教育已喪失理想目標，隨著世俗的價值在更迭，教育的方法已日趨教條化，教師也喪失了教學的主體性，傳統人文教育的生命將隨著科技明時代的「急功近利」而日益衰頹，這的確是值得我們痛下針砭的教育癥結。茲述當前我國教育問題的癥結，如下：

一、重視科技輕視人文，導致會風氣日益敗壞

盱橫我國的政治、教育、經濟等制度正處於轉型的陣痛階段。社會價值體系低俗，功利主義抬頭，經濟目標的高懸，形成重利輕義的社會風氣，致使固有的倫理道德，失去規範的力量，導致民風頹靡。

二 蔡仁厚《儒學的常與變》肆〈關於「中國文化基本教材」〉（臺北，東大圖書公司，七九年一〇月），頁二三一。

三 林安梧先生《論語——走向生活世界的儒學》第壹部〈經典與生活〉，頁七五。

四 同上註，頁七六。

政治的動盪不安，經濟的日益蕭條，隱含著令人心悸的警訊；益之以重視資訊科技，輕視人文的意識型態高漲，使得莘莘學子晨昏誦讀、弦歌處處的學校環境，暴戾之氣甚囂塵上，傳統的校園倫理受到嚴重的衝擊與考驗。從事教育工「水能載舟，亦能覆舟」，網路對現代人類而言，正是如此的寫照，其負面的影響，卻不容我們掉以輕心。網路的E世代來臨，網路交友的訊息，使青年學子們趨之若鶩，由初次的網路邂逅到一年半載後的相約會面，人人都抱著既期待又怕受傷害的心理去迎接第一次的造訪，結果是後遺症層出不窮。而網路販毒、色情網站的蔓延，不斷燃燒著莘莘學子純潔的心靈，繼之而起的是性侵害、性氾濫，不但戕害青少年的心靈，更使得青少年犯罪率節節高昇，形成社會最大的隱憂。

二、大眾傳播媒體負面報導，影響青少年身心發展

在科技昌明的時代裡，大眾傳播事業已成爲影響人心最深遠的社會教育媒介，假如能夠善加利用大眾傳播事業，則足以發揮社會教育的功能，提高人民的文化水準，進而使社會風氣祥和純正。但是，反觀臺灣目前的大眾傳播事業，大都以營利爲目的，枉顧道義，譁眾取寵，而傳播淫靡頹廢的內容，例如：怪力亂神、色情暴力……等節目，青少年耳濡目染這些不當的文字聲光，因而導致行爲怪誕乖張，這也是校園倫理日漸式微的最大誘因。

從事教育工作者，的確應該正視沉痾的學校教育問題，由孔子禮樂思想反思當前的學校育問題，以宏觀的視野來撥亂返正，發揮百年樹人與國大計的功效，以提昇國民素質。茲述如何發揚孔子禮樂教育思想，來落實人文關懷的管見如下：

第一節　人文關懷的落實

《論語》一書，是孔子借由與弟子們的交談、問答，在生命的交感中，在生活的扶持下，彼此的照應。進而經由經典的學習，歸返生命的根源，使學生有自覺有領會，有頓悟有驗證，在以文會友，以友輔仁的切磋琢磨之下，以開啟學生的德慧生命。[五]使得學生在家能夠孝順父母，友愛兄弟姊妹；在校懂得尊師敬長，友愛同學；離開學校，踏入社會上能奉公守法，敬業樂群，這都是孔子禮樂教化，點燃了人們生命的善性。從家庭倫理到了社會倫理，進而照亮社會人心，以落實人文的關懷。所以孔子說：「弟子入則孝，出則弟，謹而信，泛愛眾，而親仁，行有餘力，則以學文。」《論語・學而篇》如果在學習上，道德與知識無法兼顧，就應該以道德為先，所以說「行有餘力，則以學文。」說明孔子的禮樂思想，是以道德教化的領域做為主導的。

五　林安梧先生《論語——走向生活世界的儒學》〈序言〉，頁四。

周代的禮樂教化，集宗教、倫理、政治於一身，其中表現了中華民族的「人文」意識的彰顯。禮治顯然是人類積極有為之治，但從本源上講，禮的源頭是「天地」、「先祖」和「君師」。所以《荀子．禮論》上記載：「禮有三本：天地者，生之本也；先祖者，類之本也；君師者，治之本也。」說明天地是人類生命的本源，先祖是人類宗族的本源，君長是國家政治的本源。所以，禮文，對上而言，是事奉天；對下而言，是事奉地，經由禮文的教化，使人民懂得尊敬先祖，尊重君長，這是治理國家，安定民心的根本。而禮、樂之教，當然還有詩教、易教、書教等等，是用來對統治階層、知識階層的人，陶治身心，端正品行的，繼而用來提昇百姓的文化素養與人格境界，調節、滿足人們的物質與精神需求。[六]所以《禮記．樂記》上說：「禮以道其志，樂以和其聲。」用禮來引導人民的行為，使他們能夠循規蹈矩；用音樂來調和人民的心性，使他們能夠中和美善，這就是落實人文關懷的真諦。

人文精神是中華文化的支柱，也是維繫倫理道德的基石。人文一詞，最早見於《周易．賁卦．彖》，所謂：「觀于人文，以化成天下。」《尚書．舜典》上說：「帝曰：契，百姓不親，五品不遜，汝作司徒，敬敷五教，在寬。」傳：「五品：謂五常(即五倫)。遜，順也。布五常之教在寬，所以得人心。」《孟子．滕文公上篇》說：「人之有道也，飽食煖衣，逸居而無教，則近於禽獸。聖人有憂之，使契為司徒，教以人倫，父子有親、君臣有義、夫婦有別、長幼有序、朋友有信。」又說：「夏曰校，殷

[六] 林安梧先生編著《兩岸哲學對話——廿一世紀中國哲學之未來》郭齊勇〈儒家人文精神與全球化〉，頁七二。

曰序，周曰庠，學則三代共之，皆所以明人倫也。」足以證明自至聖先師孔子以來，歷代的思想家，都特別重視「以人為本」的教育思想認為人而無教，則行為近於禽獸。

孔子的時代，是中國人對「人文意識」覺醒的時代。所以孔子說：「周監於二代，鬱鬱乎文哉，吾從周。」《論語．八佾》孔子繼承了夏商兩代的禮制文明，而又加以修訂創新，豐富繁盛了周代的禮樂文物制度，作為教化中華民族固有優良的道德傳統。「周文」根源於原始宗教文明，而又強調了禮樂教化的重要性。因為禮教使社會井然有序，樂教使社會人心敦睦和諧。孔子點醒了、拯救了禮崩樂壞的周代文明，將它賦予鮮活的精神和嶄新的生命，並且加以發揚光大，這就是「仁」的精神！「仁」是禮樂內在的本質，沒有「仁」的禮樂，猶如虛有其表的形式軀殼、虛偽的儀節。「禮樂美典」本是推衍於自然天道，所以聖人想要創制禮樂藝術，一定要以天地為根本。茲引《禮記．禮運》所述為證：

「故聖人作則，必以天地為本，以陰陽為端，以四時為柄，以日星為紀，月以為量，鬼神以為徒，五行以為質，禮義以為器，人情以為田，四靈以為畜。」（《禮記．禮運》）[七]。

七 孫希旦《禮記集解》謂：「以天地為本者，道之大原出於天，聖人之所效法，莫非天地之道也。」，頁三〇一。

說明聖人效法天地自然化育之道，來創制禮樂藝術，孔子說：「夫禮，先王以承天之道，以治人之情。」《禮記・禮運》禮樂具有「達天道，順人情」之特質。天命下貫為人性，因此先聖先王，乃運用禮樂制度以順應天道和人情儀節，來化育人民，治理國家，使得國富民安。

孔子認為音樂的真諦，就是內在本質的仁，仁是他的中心思想，是他一切行為的出發點，他的學說是以仁為核心。「仁」字從人二，正表示人與人的關係所達到的最圓滿的境界。歷代學者對這個字往往有很精闢的解說，如《禮記・儒行》說：「歌樂者，仁之和也。」《說文》說：「仁者，天地之元氣，元者，天地之仁心。」鄭玄說：「愛人及物曰仁，上下相親曰仁。」韓愈說：「博愛之謂仁。」上述對「仁」的闡述，正彰顯了孔子的「仁學」是中華人文精神的核心，是人文主義的價值理想，這一切不僅是協和萬邦、民族共存、文化交流的指導原則，而且也顯示了「人與天地萬物為一體」的智慧。無怪乎《全球倫理宣言》的起草者孔漢斯先生，把孔子的「己所不欲，勿施於人」作為全球倫理的黃金規則[八]，這的確是深入肯綮的見解。

孔子要求為學處世要克己復禮，禮的用處廣泛，凡事皆有禮蘊涵在內，所以要瞭解禮的作用，在於「別異同，明是非」，而合於程子所說的：「不偏之謂中，不易之謂庸」的中庸理想而已。孔子教導其兒子孔鯉「學詩」、「學禮」。《論語》〈八佾〉正說明人心呈現，一念自覺，一者生命自作主

八　孔漢思等：《全球倫理》（臺北：雅歌出版社，一九九六年一一月）。

宰，而有德行的實踐，開發出人生的大道理想，這就是內聖修養；德化禮治是人文教養，開發人性自覺向善的根源，由仁的發心而有義的判斷，而能夠聞善能徙，改過遷善，也就是使天下人民有羞恥心，而能修養完美的人格，實踐仁義道德。道德映顯在天、人、自己與萬事萬物之上，而有不同的德目或德行，均可以下被攝入仁、義、禮、智之中，形成一個道德的概念系統，從這個系統我們知道君子如何律己待人、對天地、對事物，總之，基本上這一切，都含蓋在道德人文與宗教二個層面上[九]，可見孔子的禮教思想，的確是苞蘊宏富。

六藝中，「禮」可解釋為分寸、節度。往上溯就是人文法則，就是「義」。「義」往上溯，就是人與人之間真實的感通，就是「仁」。所以由「禮」到「義」到「仁」，「禮」，講分寸、講節度。《禮記》裡頭說，「大禮者，與天地同節。大樂者，與天地同和」，學「禮」可以使人懂得禮制法度，而不踰矩；學「樂」可以使社會人心和諧。何謂和諧？就是一種生命的互動、感通與融和[十]，這是孔子禮樂觀的哲學思考。

孔子所以特提倡樂教，也正因為在仁中有樂，在樂中有仁的緣故。仁是道德，樂是藝術。樂的正常本質，與仁的本質，本有其自然相通之處，道德可以充實藝術的內容，藝術也可助長、安定道德的

九 林義正《孔子學說探微》〈孔子論人之研究〉，頁一八七。

十 林安梧先生《教育哲學講論》第二章〈從方法論的省察到存有論的光照〉，頁五五。

力量。音樂的根本目的，就在表現與陶冶人類正常的情性，使人與人相愛，而造成最圓滿的關係，以完成各人的人格，這是孔子最高遠的音樂哲學。

孔子教導學生，在人格修養的過程中，以德行為本，文學為末；孔門四科：德行、言語、政事、文學。孔子四教：文、行、忠、信，以文為始，而終以信，這是站在教育的方式上說的，教育的目標還是歸於道德的實踐，孔子曾明白地說：「弟子入則孝，出則弟，謹而信，汎愛眾，而親仁。行有餘力，則以學文。」《論語．學而篇》如果在學習上，道德與知識無法兼顧，就應該以道德為先，所以說「行有餘力，則以學文。」但是站在理想人格上說，以文濟德，文質彬彬才是圓滿的典型。孔子說：「質勝文則野，文勝質則史。文質彬彬，然後君子。」《論語．篇》古時禮樂是合一的，它是教化的二個重要工具，禮是善的教育，樂是美的教育，美善合一是教育的理想，也是君子人格圓滿的呈現[十一]，這就是孔子禮樂教育思想的真諦。

孔子雖注重人倫道德的實踐，但也不忽略藝術的涵養，孔子本身就具有相當高的音樂素養。在《論語》中，子路請教孔子成人的條件為何？孔子回答說：「若臧武仲之知，公綽之不欲，卞莊之勇，冉求之藝，文之以禮樂，亦可以為成人矣！」《論語．憲問篇》由此可知，美善音樂的薰陶，在完善人格的修養上佔有舉足輕重的地位。

十一 林義正《孔子學說探微》〈孔子論人之研究〉，頁一八三—一八四。

在中國，孔孟的禮樂教化，不只是我們中華民族的德性生活的靈感來源，而且更成為我們日常生活的常軌，如倫常、喪祭之禮等，這也就是禮樂文制的意義。我們今日開發承續聖賢學問的統緒，也必須深切注意到如何再使其轉為文制的建立。因為人生於世，不能只有科學知識，而缺乏人文素養。根據牟宗三先生的說法，我們今日講人文主義，首先要注意到的是人性的覺醒、人道的覺醒，反物化、反僵化、把人的價值觀念開出來，其次就要注視到由這種覺醒，如何轉為文制之建立以為日常生活之常軌。這兩面合起來就是張橫渠所說的：「為天地立心，為生民立命，為往聖繼絕學，為萬世開太平。」。建立日常生活的文制就是為生民立命。其餘三句都由此一句而彰顯。我們之所以講人文主義，而不如俗輩之只注意于科學與民主，正因為這個時代的問題是已接觸到根本的整個文化問題，不能不上下貫通到本源[十二]，這的確是在科技文明時代裏，知識分子應有的省思。

第二節　公民教育的提昇

《論語》的內容是由一群人在活生生的生活世界所構成的，涵化在論語的世活世界裡，讓我們尚友古人，就可以自然而然的學習到古人真正的人格教養，並且化到我們生命之中成為我們生活中之智

十二　牟宗三《道德的理想主義》，〈人文主義的基本精神〉（臺北，臺灣學生書店，一九八五年），頁一五四。

慧，正如程明道所說的：「吾學雖有所受，但天理二字卻是自家體貼出來。」[十三]孔子禮樂教化的精神內涵就是「仁」道，而「禮」可說是人活在這個世界上所依存的一個規範，「樂」是美化心靈的催化劑。通過禮樂教化的薰陶，可以喚醒人們道德的自覺，以提昇學生具有公民教育的專業素養，進而開啟道德的理想世界。

中國哲學源於二帝三王的民族文化道統，淺近地說，就是指聖王的禮樂教化，而六經的內容便是民族文化道統代表性的文獻。這些原始的經典文獻，經過孔子的整理和闡釋，而呈現了鮮明的意義和實用價值。荀子曾說：「禮起於何也？曰：人生而有欲。欲而不得，則不能無求；求而無度量分界，則不能不爭；爭則亂，亂則窮。先王惡其亂也，故制禮義以分之，以養人之欲，給人之求，使欲必不窮乎物，物必不屈於欲，兩者相持而長，是禮之所起也。」[十四]《荀子．禮論篇》荀子認為聖王所制定的禮樂文制，是人民生活行為的形式規範，有綱紀人群社會的功能。人們循此一生活的規範，接受禮樂教化的薰陶，自然可以成就正人君子的人品；但人們只是被動的接受禮樂教化的潛移默化，不是內在自覺的意念。在正常情況下，雖然也可得到幸福，而一旦禮壞樂崩，便不知所措了[十五]。

[十三] 林安梧先生《論語——走向生活世界的儒學》第一部〈經典與生活〉，頁三三。
[十四] 王先謙《荀子集解》：「窮謂計無所出也；有分，然後欲可養，求可給。屈，竭也。先王為之立中道，故欲不盡於物，物不竭於欲，欲與物相扶持，故能長久，是禮所起之本意者也。」，頁五八三。
[十五] 蔡仁厚《儒學的常與變》壹〈儒家與中國哲學〉，頁一〇四——一〇五。

牟宗三先生說：「荀子只知君師能造禮義，庶人能習禮義，而不知能造能習禮義之心，即是禮義之所從出也。荀子心思一往不返，故其誠樸篤實之心，只表現而為理智的廣被，而於重要關節處轉不過。……孟子善詩書，詩言志、書記事，皆具體者也……詩可以興、書可以鑑……。志力專精，耳目爽朗之人，則正由詩書之具體而起悱惻之感、超脫之悟，因而直至達道之本、大化之源。……故孟子敦詩書而立性善，正是向深處悟，向高處提。荀子隆禮義而殺詩書，正是向廣處轉，向外面推。一在內聖，一在外王。荀子不解孟子，亦正其無可奈何處，以其高明不足故也。」[十六]此段言論，正說明了禮的本質與外在的形式，是構成中華文化生命既深且廣的基本形態。孔子的真知灼見自覺地求仁之具體實現，並且貞定了禮的價值；孟子是反身而誠的見到了禮的根源；荀子是利用王制來實踐禮的效[十七]。牟宗三先生此番話語，的確是極為精切肯要的評述。

孔子禮樂觀的基本教義在「行仁」，並且說了一句非常重要的話：「人而不仁，如禮何？人而不仁，如樂何？」《論語．八佾篇》他指點出，禮樂的內在本質在「仁」，仁在我們生命之中是先天本有的，所以孔子又說：「仁遠乎哉？我欲仁，斯仁至矣。」《論語．述而篇》經過孔子這一步點醒，那些生活行為的形式規範，便不止是外在的形式，而是在我們生命中有內在的根作為基礎的。這時候，

十六 牟宗三《名家與荀子荀學大略》〈荀學大略〉（臺北，學生書局），頁一九九。

十七 周群振《荀子思想研究》參〈荀子隆禮思想之分疏〉（臺北，文津出出版社，七六年四月），頁八三—八四。

禮樂之教便已轉化為成德之教，而生活的形式規範也轉而為自覺的道德實踐。於是，人人都可以自我作主，以完成德性人格，成就人生價值，不再只是被動的接受沐浴薰化了[十八]。

孔子說：「周監於二代，郁郁乎文哉！吾從周。」《論語．八佾》所以，當林放問禮的根本為是什麼？孔子才會贊許他說：「大哉問」，而根本之所在，也就是通過對道德感情的省察明辨，「禮與其奢也寧儉，喪與其易也寧戚」《論語．八佾》，而提鍊出來的「仁」。進而看出周代的禮崩樂壞，問題不是出在結構面而是出在動力面。乃是因為血緣感情的親親原則，並未經過人心的充分反省；在順其自然發展的結果，感情動力必然會順著有限性的強度原則而逐漸銷減。當動力不足以貫注，禮的結構便自然會僵化變質成為威權教條，甚且導致對生命的壓抑扭曲。所以，孔子才在動力面反省，而開出專以疏通動力泉源，以釋放出源源不斷、可大可久的愛之能量為主題的「仁學」或「仁教」。[十九]我們可以說，孔子就是藉著對仁心或仁愛的點明，而開啟了後代儒家以身心修養為宗旨的文化發展方向。

在肯定了中華文化的性格與發展進路是以身心修養為主題，以價值內在（義內）為歸宿之後，我們進一步要探討的便是：這仁心動力的開發，可以經由什麼樣的途徑、藉著什麼的模式以進行呢？人文精神之落實，其最重要的場域便是日常的人際關係，而即人際關係以顯發仁心（即用見體）就是我

[十八] 蔡仁厚《儒學的常與變》壹〈儒家與中國哲學〉頁一〇四。
[十九] 曾昭旭《儒家傳統與現代生活—論儒學的文化面向》〈人文精神之落實與主導倫理之重建〉頁一〇九。

們所說的倫理。為符應中華文化的特殊性格，原來傳統的孝道實源於殷人的祭拜祖宗，這使得天人之間，因為列祖列宗之中介而成為一連續性的存在。這一方面表示了天人合一的道德理想，同時也表示人類就是天的苗裔，身上就流有上帝的血液，也就是說人性中即蘊涵有神性（無限性），而足以建立人之無限自信與尊嚴[二十]。茲引《禮記‧樂記》上記載以證之：

「樂者，天地之和也；禮者，天地之序也。和故百物皆化；序故群物皆別。樂由天作，禮以地制。過制則亂，過作則暴。明於天地，然後能與禮樂也。」[二十一]

說明音樂是表現自然的和諧；禮是表現自然的秩序。因為它的和諧，所以能夠化育萬物，因為它的井然有序，所以能夠彰顯萬品。聖人認清天地自然的變化，所以制禮作樂來化育人民。由此可見，孔子的禮樂教育思想，是中華民族德性生活的根源，也是倫理道德的磐石。

《中庸》上說：「知、仁、勇三者，天下之達德也。」孔子說：「智者不惑，仁者不憂，勇者不懼。」《論語‧子罕篇》說明凡是三德兼備的人，就可以稱為人格完美的君子。儒家教育學生，也就

二十 同上註，頁一一二。

二十一 孫希旦《禮記集解》謂：「劉氏曰：『此言樂者天地之和，禮者天地之序，以效法之所本而言也。天地之和，陽之動而生物者也；氣行而不乖，故百物皆化。天地之序，陰之靜而成物者也；質具而有秩，故群物皆別。樂者法乎氣之行於天者而作，……禮者法乎質之具於地者而制，……過制則失其序，……過作則失其和，……明乎天地之和與序，然後能興禮樂以贊化育也。』」，頁四八八。

是以培養三達德為目標。所以孔門以「禮、樂、射、御、書、數」六藝為教材內容，以「禮樂」培養仁德，以「射御」培養勇德，以「書數」培養知德，目的就是希望養成學生具有完美之人格。孔子說：「君子不重則不威，學則不固。」《論語・學而篇》，以及大學上所說的：「格物、致知、誠意、正心、修身」的一貫道理，都是在告訴我們，一切做人的道理必須從自我做起，然後才能推己及人。人人心地純正，國家自然有光明的前途，人民才能生活在安康幸福中；反之，社會紊亂，是非不明，真理不彰，失去公平正義，人民必定生活在煩惱的深淵裡。

我國傳統宗法社會以「和諧性原理」作主導，現代公民社會以「分別性原理」作主導。以前人所講的謙讓，是由和諧性原理作為主導的，由這個「和諧性的原理」引導出所謂「調節性原理」，作為主導個人的道德狀態；而目前進到一個公民社會，它就不再以和諧性和調節性的原理作主導了。相對於和諧性來講，是「分別性」，相對於調節性來講，是「法則性」。以分別性和法則性為原理來主導之下，就不再是「知恥的倫理」，而是「責任的倫理」，不再是「謙讓的倫理」，而是強調「守分的倫理」。「公民教育」就是要指導學生「公私分明」，要知道自己的個體性要如何受到保護，同時也要瞭解怎樣去尊重其他具有個體性的個人[二十二]，正說明了在公民教育的薰陶下，可以培養學生具有「欣賞別人，看重自己」的襟懷。

二十二　林安梧先生《教育哲學講論》第七章〈「公民教育」的哲學思考〉，頁一七八—一七九。

公民教育的重點在強調客觀法則性的共同認定，而客觀法則性的共同認定，就是要建立在具有個體性的個人做基礎來思考。在傳統的思考系統下，我們可以借用王陽明「一體之仁」來思考，他講「親親，仁民，愛物」這也就是以「家庭倫理」為本位，「道德修養」為主導，連著天民、「天之民也」的概念說，上溯得天理良知，具體的表現就是倫理親情，在社會層面而言就是國法鄉約。不過，國法鄉約已經具一定程度的公共社性，而且具有接近公民社會的現象[二十三]。一個人自幼始就是從倫理親情學習起，長大進入公民社會便經由客觀法則性建制起來一套社會觀。這個過程是從「禮義之教」轉為「師法之化」，再轉為現代的法律制；這個學習是在現代化過程中經由自然的調適，歷史的推移慢慢演進而成的歷程。因此目前的學校教育應如何來落實公民教育，當務之急，便是在學校或社區多建構次級團體或小型社團，讓學生從其中學習到公共性、公民的概念以及「公民道德」、「倫理教養」離不開具體生命的情境[二十四]，讓學生從做中學，才不至於流於「坐而言，而不知起而行」的疏失。茲舉孔子回答弟子的兩段話語為例：

[二十三] 同上註，第七章〈「公民教育」的哲學思考〉：「公民教育以分別性、法則性為基礎。……任何具有個體性的個人本身背後都有普遍性天理良知的存在。」，頁一八二—一八五。

[二十四] 同上註，頁一八二—一八三。

子曰：「參乎！吾道一以貫之。」曾子曰：「唯。」子出，門人問曰：「何謂也？」曾子曰：「夫子之道，忠恕而已矣。」[二十五]《論語・里仁篇》子貢問曰：「有一言而可以終身行之者乎？」子曰：「其恕乎？己所不欲，勿施於人。」《論語・衛靈公》

孔子說明平日對學生所傳授的許多知識學問，可以用「忠恕」兩個字貫通起來，盡己之心以誠待人，就是忠的表現；推己及人，設身處地為別人想一想，這就是恕的表現。程子說：「以己及物，仁也；推己及物，恕也。」（朱熹《四書章句集注》）由此可見忠恕之道，就是仁道的表現，不言仁而言忠恕，因為忠恕二字，更能使學生通曉明白，而且能夠欣然接受，能下功夫去篤實力行。特別是「己所不欲，勿施於人」的恕道，是我們在日用倫常之間，都必須接觸到的生命情境，隨時隨處可以學到的行為，所以孔子勉勵子貢，恕道是可以終身學習、終身力行的最好品德。

「是故君子有諸己，而後求諸人；無諸己，而後非諸人。所藏乎身不恕，而能喻諸人者，未之有也。」《大學・傳九章》

[二十五] 宋、朱熹《四書章句集注》《論語集注卷二》：「盡己之謂忠，推己之謂恕。而已矣者，竭盡而無餘之辭也。夫子之一理渾然而泛應曲當，譬則天地之至誠無息，而萬物各得其所也。……曾子有見於此而難言之，故借學者盡己、推己之目以著明之，欲人之易曉也。蓋至誠無息者，道之體也，萬殊之所以一本也；萬物各得其所者，道之用也，一本之所以萬殊也。以此觀之，一以貫之之實可見矣。」，頁七二。

孟子曰：「愛人不親，反其仁；治人不治，反其智；禮人不答，反其敬。行有不得者，皆反求諸己其身正而天下歸之。《詩》云：『永言配命，自求多福。』」《孟子．離婁上》

上列所述，都是在說明在位的君子施政時，要想到自己在言談舉止及待人處事上，是否有經常反躬自省，如此以身作則，才能領導百姓。這種「己所不欲，勿施於人」的恕道，打破富貴貧賤的界限，不論貴為一國之君王或是一般的平民，都應該將心比心，設身處地為別人想一想，給人方便就是給自己方便，此種行為彰顯了孔子仁愛的中心思想，更提昇了平民的地位，也是公民教育的表現。

孔子的教學理念中，最重視個人品德性情的修養，以及倫理道德的實踐。在個人品德性情之修養方面，孔子稱述最多的是「仁」，如孔子說：「富與貴，是人之所欲也，不以其道得之，不處也；貧與賤，是人之所惡也，不以其道得之，不去也。君子去仁，惡乎成名？君子無終食之間違仁，造次必於是！顛沛必於是！」《論語．里仁篇》又說：「志於道、據於德、依於仁、游於藝。」《論語．述而篇》而所謂的「克己」、「己立」，是指自我品德的完成，正是「忠」的表現；「復禮」、「立人」，乃是社會群和諧的表現，也是「恕」道的發揚。可見仁是一個人圓滿人格的表現，而人格必須在人群之中才能彰顯出來。

一個能愛人的人，一定能夠在人群中和別人維持良好的人際關係。所以孔子說：「德之不修，學之不講，聞義不能徙，不善不能改，是吾憂也。」《論語．篇》孟子說：「親親而仁民，仁民而愛物。」

《孟子．盡心篇》這是儒家倫理道德最偉大的思想，就是把小我擴充到與天地萬物為一的境界，把仁愛的精神由父母之愛，推廣到全人類，普及到天下的萬物。孔子曾說：「我不欲人之加諸我也，我亦欲無加諸人。」這種「己所不欲，勿施於人」的恕道，其蘊意是何等的博大精深。我們中國歷代聖王之所以能夠「濟弱扶傾，興滅繼絕」的種種懿行，都是由恕道而來。這正是中華文化精神的所在，也是中華民族所以悠久綿延的根基。

第三節　美感教育的陶冶

文化的發展，總是前有所承，後有所開。儒家對中華文化的保存及守護，採中庸之道，在革新求進步之際，不會故步自封，也不會揚棄優良的傳統道德。孔子以前是二帝三王聖王之統的禮樂之教，孔子順著這禮樂之教的方向，創發出從「生活的形式規範」內轉而為「生命的自覺實踐」的「仁教」。[二十六]「仁」在儒家傳統思想中，是內涵豐富而多元的美德，一方面具有整合儒學各種概念之功能意義，又具有與宇宙精神等同之本體義。因為孔子認為惟有「仁」，才能賦予「禮」實質的意義[二十七]。徐復觀說明禮之本質，根源於形上之天道，其中所說的天之道，就是指「自然秩序」，如果具體落實在人

[二十六] 蔡仁厚《儒學的常與變》陸〈孔學的常道性格與應變功能論要〉，頁九五。
[二十七] 杜維明，〈「仁」與「禮」之間的創造緊張性〉，頁一〇—一一。

世間成為人之道，就是指「人倫秩序」。而這人倫秩序就是禮樂美典之儀則，其實質的內涵，就是孔子所提倡之「仁」道。孔子認為「仁」的美感境界，必須落實在具體的禮樂教化中。易言之，「禮」具有文化美之本質，實則是根源於「仁」之生命美學[二十八]。茲舉《禮記》、的一段話為證：

「溫良者，仁之本也；敬慎者，仁之地也；寬裕者，仁之作也；孫接者，仁之能也；禮節者，仁之貌也；言談者，仁之文也；歌樂者，仁之和也；分散者，仁之施也；儒皆兼此而有之，猶且不敢言仁也。其尊讓有如此者。」《禮記．儒行》

子禽問於子貢曰：「夫子至於是邦也，必聞其政，求之與？抑與之與？」子貢曰：「夫子溫、良、恭、儉、讓以得之。夫子之求之也，其諸異乎人之求之與？」《論語．學而篇》

子貢贊美孔子具有溫厚、易直，莊敬、節制、謙遜等五種美德，正符合《禮記．儒行篇》上所說仁者美善合一的人格典範，也說明了孔子具有仁者的威儀氣象，所以周遊列國，每到一國都能夠聽聞各國的政事，雖然各國國君認為孔子的政治理想高遠難行，未能賦予治國重任，但是聖人的盛德光輝，令人景仰，這也就是「民之秉彝，好是鯍德」的表徵。

二十八 林素玟《禮記人文美學探究》《禮記》〈宗教美學：喪祭禮儀之人文精神〉，頁二四五

「仁近於樂，義近於禮。樂者敦和，率神而從天，禮者別宜，居鬼而從地。故聖人作樂以應天，制禮以配地。禮樂明備，天地官矣。」[二十九]《禮記　樂記篇》

說明聖人效法天地之博厚高明《中庸，第二十六章》，生生不已之運行，因此制禮作樂以化育人民，人民受到禮樂教育的陶養感化，可以培養敦厚美善的氣質，並且能夠與人和睦相處，使天地萬物各盡自己的職責本分。所以林師安梧也指出：如果可以把儒家視之為宗教，則其宗教性便離不開「人文精神」。人文與宗教在中國文化傳統中，實可以稱為一體，它具有現之所在的特性，就是指整個「活生生的實存而有」，進入到這個世界之動源點，也就是孔子所開啟之「仁」[三十]。可見孔子的禮樂思想，就是要教導人民點燃生命的源頭活水——仁道，並且夠佈乎四體，行乎動靜。

禮的最基本意義，可以說是人類行為的藝術化、規範化的統一物。春秋時代人文主義的自覺，是行為規範意識的自覺。通過《尚書．堯典》所記載，舜帝說：「夔，命汝典樂，教冑子。直而溫，寬而栗，剛而無虐，簡而無傲，詩言志，歌永言，聲依永，律和聲；八音克諧，無相奪倫，神人以和。」來看，音樂當然含有規範的意義。但禮的規範性是表現為敬與節制，這是一般人所容易意識得到，也

二十九　孫希旦《禮記集解》：「仁者，陽之施，故近於樂，秋斂冬藏者，天地成物之義也。義者，陰之肅，故近於禮。敦和者，厚其氣之同；別異者，辨其體之異；率神者，氣之流行而不息，循乎神之伸也；居鬼者，體之一定而不易，主乎鬼之屈也。」，頁四八九。

三十　林安梧先生《儒學與中國傳統社會之哲學省察——以「血緣縱貫軸」為核心的理解與詮釋》，〈論儒家的宗教精神及其成聖之道——不離於生活世界的終極關懷〉，頁二三〇。

是容易實行的。樂的規範性則表現而為陶鎔、陶冶，這在人類純樸心智未開化的時代，容易收到潛移默化的效果；但在知性活動普及，社會生活，已經相當地複雜化了以後，便不易為一般人所把握；也使一般人在現實行為上是無法遵行的。[三十一]因此，春秋時代，在人文教養上，禮取代了樂的傳統地位。

「論倫無患，樂之情也；欣喜歡愛，樂之官也。中正無邪，禮之質也，莊敬恭順。禮之制也。若夫禮樂之施於金石，越於聲音，用於宗廟社稷，事乎山川鬼神，則此所與民同也。」（《禮記．樂記》）

孫希旦在《禮記集解》中解析說：「論倫無患者，言其心之和順，足以論說樂之倫理，而不相悖害也。樂之情，禮之質，以其根於心者，言聖人制禮樂之本也。樂之官，禮之制，以其著於事者，言聖人用禮樂之實也。」說明禮樂之制定，根本源於天地，而貫通在人民之言行修為之上。禮樂之審美功能，由人道之親親而尊祖，由尊祖而敬宗，繼而合族人，宗廟完備，復由宗廟推衍至重社稷、愛百姓，最後一切終歸於禮樂和諧，政清俗美，此乃祭祀禮儀所達成之宗教審美功能。

三十一 徐復觀《中國藝術精神》第一章〈由音樂探索孔子的藝術精神〉，頁四。

孔子認為禮樂之美，最基本的就是在修養「文質彬彬，然後君子。」的高雅氣質《論語．雍也》；並且說：「君子義以為質，禮以行之，孫以出之，信以成之，君子哉！」[三十二]《論語．衛靈公篇》說明君子之道在實踐義；文質彬彬，正說明孔子依然把規範性與藝術性的諧和統一，作為禮的基本性格。子貢回答棘成子「君子質而已矣，何以文為？」之問，說「文猶質也，質猶文也。」《論語．顏淵》，也是說明君子對於文質二者，不可以偏廢。推而廣之，禮樂並重，二者應該相輔相成，並且把樂安放在禮的上位，認定音樂才是一個人格完成的境界，這是孔子立教的宗旨。所以他說出了「興於詩，立於禮，成於樂」《論語．泰伯》的話來勉勵弟子。由此可知，到了孔子的時代，重振禮樂的教育思想，人們才對於音樂的最高藝術價值產生自覺的體會；而在最高藝術價值的自覺中，建立了「為人生而藝術」的典型[三十三]。

孔子不但在個人教養上非常重視音樂的陶治，並且在政治上也繼承古代的傳承，同樣的加以重視樂教；從《論語》的記載中便可以了解：例如孔子回答：「顏淵問為邦」，也特別舉出：「樂則韶舞」；並將「放鄭聲」與「遠佞人」並重《論語．衛靈公》；這也可以反映出樂教在孔門的政治理想中的重要性，換言之就是藝術在政治理想中的重要性。

三十二 宋、朱熹《四書章句集注》《論語集注卷八》：「義者，制事之本，故以為質幹。而行之必以節文，出之必以退遜，成之必在誠實，乃君子之道也。」，頁一六五。

三十三 徐復觀《中國藝術精神》第一章〈由音樂探索孔子的藝術精神〉，頁四。

孔子很注重音樂內容之美善。所以他比較「武樂」和「韶樂」之後，說：「韶盡善盡美」；「武盡美未盡善」《論語・八佾》，認為「武」不如「韶」。因為二者雖然都充分地表現了形式之美，但從內容上說，「武」在價值上只能說表現了相當的善，卻未達到最高的善的境地。至於「韶」則除了充分地表現形式之美外，還充分地表現了內容之善。孔子以妙慧之直感鑑賞「韶」樂，所表現的情感經驗，我們可以體會到，孔子認為「韶」樂的內容，不只是表現因了充沛的情感，而且更擴展到倫理道德上。把這個意思擴大之，並且借用黑格爾（G.W.F.Hegel）的話來說，音樂的內容不只包括精神洋溢的情感，而且更應該包含「內容的精華」或「寓有較高教義的內容。」[三十四]。孔子評價《韶》樂盡美又盡善，由此可見，孔子比較重視音樂內容的美善。他從舜的德行事功來肯定《韶》樂的至善，堯舜的禪讓是仁道的表現。他所以會禪讓，是出於天下為公之決心，更是仁德的表彰。舜選於眾，推舉陶輔佐政事，疏遠不仁的小人，使得九族敦睦，天下昌明《尚書・陶謨》，這也是仁的表現。這是從政治的功能來看待樂教的實用價值，孔子自己也說過樂教在政治上的重要作用。孔子說《韶》樂的「盡善」，正因為堯舜的仁愛精神，融透到韶樂中間去，因而形成了音樂的外在形式完全與內涵的本質融和統一的境界。仁是道德，樂是藝術。孔子把藝術的盡美，和道德的盡善（仁），融和在一起，這又如何可能呢？這是因為音樂的本質，與仁的本質，本有其自然相通相融之處。樂的本質，可以用一個

三十四　參考：G.W.F.Hhgel Asthetik（Aufbau-Verlag, Berlin, 一九五五　朱光潛譯，北京：商務印書館，一九七八年）第三卷，上冊，頁三五二。

「和」字作總括[三十五]，所以《禮記．樂記》上說：「樂者，天地之和也。」又說：「治世之音安以樂，其政和。」，說明音樂是人心自然和諧的表現，也是政治寬和的表徵。

就儒家自身而言，孔門的為人生而藝術，其終極目標，也可以說是融藝術於人生。「尋孔顏樂處」[三十六]此樂處是孔顏之仁，也就是孔子顏回純任自然地藝術精神的呈現。而此樂處的到達，在孔顏，尤其是在孔子，樂固然是其工夫過程之一；但畢竟不是唯一的工夫所在，也不是一般人所輕易用得上的工夫。所以孔子便把樂安放在工夫的最後階段，而說出「成於樂」的一句話。於是《論語》上所記載的：「孝弟也者，其為仁之本與。」〈學而篇〉、「主忠信」〈學而篇〉、「夫子之道，忠恕而已矣」、「克己復禮為仁」〈顏淵篇〉；中庸的「慎獨」、「誠明」；及孟子的「知言」「養氣」〈公孫丑章〉；大學的「正心」、「誠意」，宋明儒的「主靜」「主敬」、「存天理」、「致良知」；這都是人格修養，人格完成的直接通路，必取決於音樂。[三十七]由此可見，孔門「為人生而藝術」的最高意境，就是就是仁美合一的境界。

人民之喜、怒、哀、樂、敬、愛諸種心理變化，經常受到主政者音樂教育的薰陶與感化，所以「上行之，則民從之」《禮記．樂記》，音樂藝術遂由民心感應，進而反映出來主政者施政之良窳及時代

[三十五] 徐復觀《中國藝術精神》第一章〈由音樂探索孔子的藝術精神〉，頁一五。

[三十六]《宋元學案》卷十二〈濂溪學案〉引：「明道曰，昔受學於周茂叔，每令尋仲尼顏子樂處，所樂何事？」

[三十七] 徐復觀《中國藝術精神》，第一章〈由音樂探索孔子的藝術精神〉，頁三六。

之治亂。《禮記．樂記》上又說：「治世之音安以樂，其政和。亂世之音怨以怒，其政乖。」由於音樂藝術與政治良窳、風俗美惡有密切之關係，主政者若欲教化民心，導正社會風氣，勢必從提倡音樂教育著手。儒家對於生活美感之教養，實以「禮樂美典」為主，由日常禮樂文化之實踐，培養士君子雍容之氣度，以及中正平和之心靈[三十八]。

在當今學校教育「德、智、體、群、美」五育的範疇中。德，是內在的自我要求品德完善；智，是客觀的學習把握知識；體，是身體的鍛鍊；群，是人與人之間的互動；美，是一美學或藝術的陶養。與孔子所說的「六藝」：禮、樂、射、御、書、數，可以互相對照來看。[三十九]而孔子以六藝教導學生，用現代的理論概念把他說出來，所學的是什麼東西？教育的內容，教育的主體（學生），教育的場域（學校），學校要運作就要行政，這就是教育哲學要處理的範圍。而教育的內容——六藝，苞蘊宏富，是應該要全部學習的，不可以個別分開學習。這就是「通才教育」。何謂通才？就是讓你生命之才能通達而發展。其中「美育」則重在回溯生命之本源，和後天的教識教養融為一體。根據林師安梧指出「美育」對其他「四育」有其調節及治療的作用[四十]，由本章節所敘述的內容可以得到佐證。

[三十八] 林素玟《禮記人文美學探究》《禮記》〈文化美學：群體社會之禮樂生活〉，頁二一一。
[三十九] 林安梧先生《教育哲學講論》第二章〈從方法論的省察到存有論的光照〉，頁五四。
[四十] 同上註，頁五四—六〇。

綜合以上所述，教育是著重於人格修養，適用潛移默化，循循善誘的精神感召，達成其最高目的—完人教育。孔子禮樂觀所蘊涵的教育思想之特點入如下：一、人格的感化：集以身作則，不言之教。二、因材施教：在徹底了解學生個性之後，就針對其長短與需要，使用適切的不同教材，適時適地，加以教導，以期培養其完滿的人格。三、注重啟發教授：啟發學生思考，予以指導，使其能自行領會。四、注重樂觀的修養。孔子是十分有人情味的人，他的生活絕不是枯燥刻板，而是有極高的藝術情趣的。孔子獨讚美曾皙，實在是因為他能夠領會人生之樂趣。可見中國音樂美學之真精神，乃是透過「仁」之生命境界，來透顯美之價值。所以＜樂記＞上有句話說：「仁近於樂」，又說：「唯君子為能知樂」，生命之美由音樂的美感形式，超昇為道德之性體，而終極之道德境界，本身又透顯一美感價值。此為個體生命原則創之根源，也是生命美學之美感境界。[四十一]更是當今學校教育不可以偏廢的人文教育目標。

加強美育教學的方法，首先要改善現代社會人心庸俗、物質、功利等特徵，為了挽救文化的危機，就應該重視古典文學往下紮根的重要性，各級學校就應該加強美育的教學，以發揮文化傳承的功能，給予學生豐富且純正的文化薰陶，以美化人生，進而促進五育的均衡發展，以達成培育健全人格的目標。因此教師在教學活動上，應該採用欣賞教學法，尤其是中國語文的教學，可藉由古聖先賢的智慧

四十一 林素玟《禮記人文美學探究》〈《禮記》生命美學：個體人格之心靈境界〉，頁一二五。

結晶及字字珠璣，引導學生開啟中國文學的堂奧。[四十二]英國牛津大學副校長黎芬司東（LIVINGSTONE）在他所著「一個動盪世界的教育」一文中說：「教育應以養成德操為第一要務；而德操的養成在使學子多看人生中偉大的事情，多識人性中上上品的東西。人生和人格的上上品，見於歷史和文學中的很多，只要人們知道去找。」[四十三]也就是孔子所說的：「知之者不如好之者；好知之者，不如樂之者。」使學生了解讀書的重要及「知識即是力量」的道理，由被動轉到主動，引導學生進入「讀書之樂樂無窮，綠滿窗前草不除」的境界，如此才能融會貫通所學的知識，提昇到「佈乎四體，形乎動靜」的理想目標。

中國自古君師並尊，把教師列為五倫─天、地君、親、師之一，又說：「一日為師，終身為父。」所以禮記學記篇上說：「凡學之道，嚴師為難，師嚴然後道尊，道要然後民知敬學。」這句話的涵義是說，教師必先受到尊敬，然後所傳授的真理才能受到重視。尊師重道，乃是中國傳統的教育精神。韓愈在師說中說：「師者，所以傳道、授業、解惑也。」說明了教師除了教導學生修己治人之道，經邦濟世之方，更須培育學生由率性粗野變成文質彬彬，由懵懂無知變成知書達禮。在我國的傳統社會中，師生之間大都有極和諧的關係，更可見到古代學生對老師的推崇與尊敬。如至聖先師孔子，以學而不厭，誨人不倦的精神，有教無類，因材施教的方法，化育了三千名學子，造就了七十二賢才。而

四十二 陳立夫《孔孟學說與人文教育》（人文教育）十二講，頁六。
四十三 江雲鵬《郁郁乎！人文教育》所引（臺北，《師友月刊》，八二年二月）。

學生們對孔子的推崇與敬愛，也是大家耳熟能詳的，如顏回曾經讚美孔子說：「仰之彌高，鑽之彌堅，瞻之在前，忽焉在後！」因此孔子死後，子貢廬墓而居六年，這就是「一日為師，終身為父」的表現。

新世紀的來臨，全球化的教育思潮，伴隨著全人教育、數位學習的步履，猶如奔騰的江河水，不斷衝擊著臺灣的未來及莘莘學子的心靈。全球管理大師梭羅強調：「全球化時代，知識是成功的關鍵，勇敢是成功的心態。唯有大膽放手一搏，才能在全球經濟中勝出。」[四十四]的確，唯有掌握教育變革的契機，才能因應未來國際地球村的變遷。

因此，在邁入二十一世紀教育變革與開放教育的趨勢下，推展多元智能教育，以培養具有全方位能力的國民多元化的教育理念及多元智能的開發，已成為廿一世紀世界各國推動教育改革的重要目標。根據美國教育家迦納（Gardner）的研究，指出人類具有語言（Linguistic）、空間（Spatial）、邏輯／數學（Logic-Mathematical）、身體動作（Bodily-Movement）、音樂（Musical）、社會（Social）、個人（Self），自然（Naturalist）等八項智能（Intelligence）。而我國儒家的「六經」之教，正與美國教育家所提的八項智能，有異曲同工之妙。

教育的興革，經緯萬端，錯綜複雜。為了導正工業與科技文明所帶來人類文化、社會環境與自然生態的危機，一九九○年來自七國八十位關注全人教育的學者專家，針對美國《目標二○○○：美國

[四十四] 梭羅著《勇者致富—全球化：在拒絕與接受之間》天下網路書店 http//www.cwbook.com.tw。

教育法案》（Goals 二〇〇〇：Educate America Act）提出「芝加哥宣言」並揭示全人教育的十大原則：一、為人類的發展而教；二、將學習者視為獨立的「個體」；三、承認「經驗的」在學習中的關鍵角色；四、以「整全觀」為切入點的教育；五、教學者的新角色；六、選擇的自由；七、教養學生成為一個能夠參與民主社會的公民；八、為文化及倫理的多元性、地球公民權而教；九、為地球的人文關懷而教；十、性靈和教育。正說明了全人教育是開啟學習者心中自我覺醒之門—道德、文化、生態保育、經濟、專技與政治的自覺。而課程內容是跨學科的，係從社群整體，也從地球整體的觀點來考量，是人類精神最大的激動力。[四十五]由上述可知全人教育對臺灣當前各級育發展有深遠的影響力，而孔子的禮樂教育思想，也蘊涵著全人教育的功能，可以讓每位學生的智能，藉由不同的方式和才華表現出來，並且尊重每位學生個人的潛能，使科技文明與人文素養能夠相輔相成。

四十五 陳治能翻譯〈公民二〇〇〇年教育宣言—從全人教育觀點〉（Education 二〇〇〇Aholistic Perspective），頁一—六。

第十章　結論

橫邁古今，跨越西東，學習的天空，是無限的寬廣，兩千多年前，孔子以有教無類，誨人不倦的精神，引領莘莘學子，成就七十二高徒，更樹立了以儒家思想為主流的中華文化。中華文化，經緯萬端，源遠流長，猶如不盡長江天際流，為中國歷史的傳承，澎湃奔騰。時代的輪軸運轉不息，國際化、資訊化的時代翩然來臨，多元化的教育思潮，也隨著日新月異的科技文明，深深牽動著臺灣的未來。

英國詩人勃萊克的一首詩：「一花一世界，一沙一天國，君掌盛無邊，剎那含永劫。」這首詩說明從宇宙洪荒，天地玄黃至科技文明發達的現代，一切生滅象徵永恆，無盡的歷史，永遠傳承著瑰麗的文化。走過歷史文化的蹊徑，我們尋根探源，開啟地平線上東西方文化古國的面紗，不僅見到傳統文化「宗廟之美，百官之富」的堂奧，更了解到傳統文化著重在縱的傳承上，具有發皇歷史、綿延民族命脈的功能；而現代文化應植基在橫的移植上，結合傳統與現代，使中西文化兼容並蓄，不泥古賤今、不崇洋媚外，進而創造多元化的精緻文化。

文化的傳承，胥賴教育。展開歷史的長卷，可知中國數千年的教育思想，實以儒家的倫理道德思想為主流。孔子集三代學術思想的大成，奠定了儒家學說的理論基礎，而孔子的禮樂學說博大精深，深植於每一個人的思想與生活中，更是垂教萬世的金科玉律及為人處世的典範。一個國家的興盛衰敗，取決於民族文化的興滅繼絕，而固有文化的榮枯，又繫於教育的成敗，此乃千古顛仆不破的真理。唐君毅先生在〈為中國文化敬告世界人士宣言〉一文中也說：

「如果中國文化不被了解，中國文化沒有將來，則這四分之一的人之生命與精神，將得不到正當的寄託和安頓；此不僅將來招來全人類在現實上的共同禍害，而且全人類之共同良心的負擔將永遠無法解除。」

這一番語重心長的話，猶如當頭棒喝，並且也肯定了中華文化的命脈，有如源頭活水，永不止息，中華文化必經得起考驗，而永放光芒。正說明了要改善庸俗、功利、貪婪等特質，為了挽救文化斷層的危機，就應該以人文精神喚起人的自覺，提昇人類的地位與價值。教育是引領國進步的標竿，面對知識經濟發展的時代，而每位教師應該以終身學習的理念，來推動教育改革，建構以人文為本，以科技為用的新世紀。

教育是百年樹人的興國大計，是人類在具體的生活世界中，肩負起傳承文化、傳遞知識、啟發智慧、培育人才的神聖偉業。在全球化教育思潮的推波助瀾下，傳統的學校教育，不能再抱殘守缺，應該推陳出新，才能順應未來國際地球村的變遷。誠如美國微軟公司總裁比爾蓋茲所說：「在許多高科技相關問題中，沒有一項要比教育對國家未來經濟活力的影響來得重要。」[一]這的確是深中肯綮的言論，正說明了在知識蓬勃發展的廿一世紀，教育已成為運籌帷幄，決勝千里的關鍵，而教育改革，更是國家永續發展，提昇競爭力的磐石。為了因應時代的挑戰與衝擊，終身學習（learning through life）已成為前瞻未來，領航知識世紀的標竿，而全人教育（Holistic Education），更是追求卓越，掌握未來的契機。

《禮記．曲禮篇》上說：「師嚴然後道尊，道尊然後民知教學。」師道的尊嚴，植基於此教師的敬業精神與專業素養。「文化教養」須由具體情境的涵化而積漸以成，因此經典的詮釋除了理論的釐清更須要具體情境的豁顯，使人活生生的活在其中而涵化之、積漸之。再說，我所謂經典的詮釋並不祇指狹義的書本而已，其實藝術品及古典文物祇要它們是中國文化的結晶就算得上是經典，凡是經典便須得人們的詮釋。尤其像《論語》及《孟子》以對話方式寫成的言談紀錄，到處凸顯出所謂的具體情境，讓人讀之頗有神會其境，興緻淋漓的感覺。[二]展開歷史的長卷，可知中國數千年的教育思想，實以儒家的倫理道德思想為主流。孔子集三代學術思想的大成，奠定了儒家學說的理論基礎，而孔孟學說更是垂教萬世的金科玉律及為人處世的典範。

一　美國微軟公司總裁比爾蓋茲在美國國會召開的一次『科技高峰』座談會中的講稿，Washington Post,Jane 七 二〇〇〇。

二　林安梧先生《論語—走向生活世界的儒學》第二部〈對談與議辯〉二〈思想教育、文化教養及經典詮釋—對高級中學《中國文化基本教材》之基礎性反省〉，頁一六一。

當前中等學校的國文教育應該涉及於三大面向—思想教育、文化教養及經典詮釋，三者必須相輔相成[三]。在授課的內容上，要以人格的精神互動感召為主，以經典、文字的修習為輔。對經典要以現代的話語加以詮釋，指導學生熟讀，在心領神會之後，進而引領學生去開啟古聖賢哲智慧的根源—生命的感召，進而從古人的生活世界及人格風範中，讀出四書中每句話語的內在涵義[四]。涵蘊在四書的天地裡，我們心湖深處，有孔子的仁智雙彰、孟子的正氣雄辯、顏淵的安貧樂道、子貢的賢達敏辯、子路的忠信勇決……等，而孔子的禮樂教育思想，孕育得我們具有溫柔敦厚、恭儉莊敬、廣博易良的氣質。古聖先賢的智慧結晶，猶如長江水滾滾東流，灌溉我們的家園，潤澤充實我們的文化，使中華兒女的慧力定見，在高度文明的國家中首屈一指。

「良師興國」，教育的進步與革新，以師資為重要關鍵，而師道的尊嚴，多繫於教師自己，不假外求。教師本身有可尊之道，學生自然由衷敬仰，相率以從，社會也必相觀而善。因此教師不僅要有授業、解惑的專業知識，而且要有堅定不移的傳道樂道精神，師法孔子「學而不厭，誨人不倦」的精神，及孔子「以身教者從，以言教者訟」的方法，來感化學生，使學生心悅誠服，樂於受教。

孔子說：「人能弘道，非道弘人。」《論語．衛靈公篇》，因此當前國文教育不應該墨守成規，應該推陳出新，發揚傳統文化的精華，擷取西方科學的長處，使西方的科學精神和中國傳統的人文精

三 同上註，頁一五五。
四 同上註，頁三〇五。

神相互交流；讓古典文學與現代文學兩者相輔相成，為國文教育開拓新天地。因此每位國文教師，應該隨時充實自我的專業知能，在因應未來更具開放性的與多元化的社會發展趨勢，我們應該加強國文教學，尤其是儒家禮樂思想的教育，引領學生開啟儒家人文思想的堂奧。

牟宗三先生在《五十自述》序中有云：「學術生命之暢通，象徵文化生命之順適；文化生命之順適，象徵民族生命之健旺；民族生命之健旺，象族魔難之化解。」[五]

這番語重心長的話語猶如醍醐灌頂，不容我們掉以輕心。研讀孔子禮樂教育思想，掩卷之餘，孔子因才施教，誨人不倦的精神，洋洋如在其上，如在我左右。在浩瀚的學術洪流中，古聖賢哲的智慧結晶，恰如源頭活水來，為中國文化的傳承，澎湃奔騰。德國哲學家黑格爾說：「經典是永恆的，因為它會不斷激起讀者心靈中的理念典型。」這的確是深中肯綮的言論。

明儒王陽明的〈忘言巖次鄒守益韻〉詩：

「尼父欲無言，達者窺其本。此道何古今，斯人去則遠。」[六]

五　蔡仁厚《儒學的常與變》柒〈牟宗三先生的思想及對文化學術之貢獻〉頁二〇九。

六　謝廷傑彙本《王陽明全書》（二）〈忘言巖次鄒守益韻〉（臺北，正中書局，一九五五年），頁一八〇。

哲人雖已遠，典型在夙昔。王陽明的這首詩足以發人深省，身為現代讀書人，我們所面臨的是源遠流長的傳統文化和瞬息萬變的科技文明，我們一方面要採擷古典學術的精華，另一方面要利用科際整合的方法，以開拓學術領域的新境界。他山之石，可以攻玉，在國文的天地裡，我們要做一個創造新境界，開闢新天地的拓荒者，應該擔當起文化道統承先啟後的責任，來喚醒國人的理性和良知。學校教育的改革，不僅要兼顧縱的傳承與橫的移植，更要使我國傳統的人文教育與新世代的資訊科技相輔相成。因此每位教師就應該肩負起「兩肩負重任，心懷千萬年」的薪傳責任，並且以教育家劉真的名言：「樹立師道的尊嚴，發揚孔子樂道的精神。」來推動孔子禮樂教育思想及全人教育的發展，營造溫馨的終身學習環境，以培育具有卓越能力、多元智慧、品格高尚、五育兼備的e世代人才，並且以宏觀的視野，放眼全世界，接軌全球化，進而塑造二十一世紀一個政治民主，富而好禮的文化大國。

附錄

《論語》原文有關禮樂的篇章

一、禮樂：共計〔六〕筆。

項目	篇目	卷	原文內容
一	先進	第十一卷	子曰：「先進於禮樂，野人也；後進於禮樂，君子也。如用之，則吾從先進。」
二	先進	第十一卷	子路、曾皙、冉有、公西華侍坐。子曰：「以吾一日長乎爾，毋吾以也！居則曰：『不吾知也！』如或知爾，則何以哉？」子路率爾而對曰：「千乘之國，攝乎大國之間，加之以師旅，因之以饑饉，由也為之，比及三年，可使有勇，且知方也。」夫子哂之。「求，爾何如？」對曰：「方六七十，如五六十，求也為之，比及三年，可使足民；如其禮樂，以俟君子。」「赤，爾何如？」對曰：「非曰能之，願學焉！宗廟之事，如會同，端章甫，願為小相焉。」「點，爾何如？」鼓瑟希，鏗爾，舍瑟而作。對曰：「異乎

			三子者之撰！」子曰：「何傷乎？亦各言其志也。」曰：「莫春者，春服既成；冠者五六人，童子六七人，浴乎沂，風乎舞雩，詠而歸。」夫子喟然歎曰：「吾與點也。」三子者出，曾皙後。曾皙曰：「夫三子者之言何如？」子曰：「亦各言其志也已矣。」曰：「夫子何哂由也？」曰：「為國以禮，其言不讓，是故哂之。」「唯求則非邦也與？」「安見方六七十，如五六十，而非邦也者？」「唯赤則非邦也與？」「宗廟會同，非諸侯而何？赤也為之小，孰能為之大？」
三	憲問	第十四卷	子路問成人。子曰：「若臧武仲之知，公綽之不欲，卞莊子之勇，冉求之藝，文之以禮樂，亦可以為成人矣。」曰：「今之成人者何必然？見利思義，見危授命，久要不忘平生之言，亦可以為成人矣。」
四	子路	第十三卷	子路曰：「衛君待子而為政，子將奚先？」子曰：「必也正名乎！」子路曰：「有是哉，子之迂也！奚其正？」子曰：「野哉，由也！君子於其所不知，蓋闕如也。名不正，則言不順；言不順，則事不成；事不成，則禮樂不興；禮樂不興，則刑罰不中；刑罰不中，則民無所措手足。故君子名之必可言也，言之必可行也。君子於其言，無所苟而已矣！」
五	季氏	第十六卷	孔子曰：「天下有道，則禮樂征伐自天子出；天下無道，則禮樂征伐自諸侯出。自諸侯出，蓋十世希不失矣；自大夫出，五世希不失矣；陪臣執國命，三世希不失矣。天下有道，則政不在大夫。天下有道，則庶人不議。」

六	季氏	第十六卷	孔子曰：「益者三樂，損者三樂：樂節禮樂，樂道人之善，樂多賢友，益矣；樂驕樂，樂佚遊，樂宴樂，損矣。」

二、禮：共計〔四十三〕筆。

項目	篇目	卷	原文內容
一	學而	第一卷	有子曰：「禮之用，和為貴。先王之道斯為美，小大由之。有所不行，知和而和，不以禮節之，亦不可行也。」
二	學而	第一卷	有子曰：「信近於義，言可復也；恭近於禮，遠恥辱也；因不失其親，亦可宗也。」
三	學而	第一卷	子貢問曰：「貧而無諂，富而無驕，何如？」子曰：「可也。未若貧而樂道、富而好禮者也。」
四	為政	第二卷	子曰：「道之以政，齊之以刑，民免而無恥；道之以德，齊之以禮，有恥且格。」
五	為政	第二卷	孟懿子問孝。子曰：「無違。」樊遲御，子告之曰：「孟孫問孝於我，我對曰：『無違』。」 樊遲曰：「何謂也？」子曰：「生，事之以禮；死，葬之以禮，祭之以禮。」

六	為政	第二卷	子張問：「十世可知也？」子曰：「殷因於夏禮，所損益可知也；周因於殷禮，所損益，可知也；其或繼周者，雖百世可知也。」
七	先進	第十一卷	子曰：「先進於禮樂，野人也；後進於禮樂，君子也。如用之，則吾從先進。」
八	先進	第十一卷	子路、曾皙、冉有、公西華侍坐。子曰：「以吾一日長乎爾，毋吾以也！居則曰：『不吾知也！』如或知爾，則何以哉？」子路率爾而對曰：「千乘之國，攝乎大國之間，加之以師旅，因之以饑饉，由也為之，比及三年，可使有勇，且知方也。」夫子哂之。「求，爾何如？」對曰：「方六七十，如五六十，求也為之，比及三年，可使足民；如其禮樂，以俟君子。」「赤，爾何如？」對曰：「非曰能之，願學焉！宗廟之事，如會同，端章甫，願為小相焉。」「點，爾何如？」鼓瑟希，鏗爾，舍瑟而作。對曰：「異乎三子者之撰！」子曰：「何傷乎？亦各言其志也。」曰：「莫春者，春服既成；冠者五六人，童子六七人，浴乎沂，風乎舞雩，詠而歸。」夫子喟然歎曰：「吾與點也。」三子者出，曾皙後。曾皙曰：「夫三子者之言何如？」子曰：「亦各言其志也已矣。」曰：「夫子何哂由也？」曰：「為國以禮，其言不讓，是故哂之。」「唯求則非邦也與？」「安見方六七十，如五六十，而非邦也者？」「唯赤則非邦也與？」「宗廟會同，非諸侯而何？赤也為之小，孰能為之大？」
九	雍也	第六卷	子曰：「君子博學於文，約之以禮，亦可以弗畔矣夫。」

十	述而	第七卷	子所雅言：《詩》、《書》、執禮，皆雅言也。
十一	述而	第七卷	陳司敗問：「昭公知禮乎？」孔子曰：「知禮。」孔子退，揖巫馬期而進之，曰：「吾聞君子不黨，君子亦黨乎？君取於吳為同姓，謂之吳孟子。君而知禮，孰不知禮？」巫馬期以告。子曰：「丘也幸，苟有過，人必知之。」
十二	顏淵	第十二卷	顏淵問仁。子曰：「克己復禮為仁。一日克己復禮，天下歸仁焉。為仁由己，而由人乎哉？」顏淵曰：「請問其目。」子曰：「非禮勿視，非禮勿聽，非禮勿言，非禮勿動。」顏淵曰：「回雖不敏，請事斯語矣！」
十三	顏淵	第十二卷	司馬牛憂曰：「人皆有兄弟，我獨亡！」子夏曰：「商聞之矣：死生有命，富貴在天。君子敬而無失，與人恭而有禮；四海之內，皆兄弟也。君子何患乎無兄弟也？」
十四	顏淵	第十二卷	子曰：「博學於文，約之以禮，亦可以弗畔矣夫！」
十五	憲問	第十四卷	子路問成人。子曰：「若臧武仲之知，公綽之不欲，卞莊子之勇，冉求之藝，文之以禮樂，亦可以為成人矣。」曰：「今之成人者何必然？見利思義，見危授命，久要不忘平生之言，亦可以為成人矣。」
十六	憲問	第十四卷	子曰：「上好禮，則民易使也。」
十七	衛靈公	第十五卷	子曰：「君子義以為質，禮以行之，孫以出之，信以成之。君子哉！」

十八	衛靈公	第十五卷	子曰：「知及之，仁不能守之，雖得之，必失之。知及之，仁能守之，不莊以涖之，則民不敬。知及之，仁能守之，莊以涖之，動之不以禮，未善也。」
十九	陽貨	第十七卷	子曰：「禮云禮云！玉帛云乎哉？樂云樂云！鐘鼓云乎哉？」
二十	陽貨	第十七卷	宰我問：「三年之喪，期已久矣。君子三年不為禮，禮必壞；三年不為樂，樂必崩。舊穀既沒，新穀既升，鑽燧改火，期可已矣。」子曰：「食夫稻，衣夫錦，於女安乎？」曰：「安。」「女安則為之！夫君子之居喪，食旨不甘，聞樂不樂，居處不安，故不為也。今女安，則為之！」宰我出。子曰：「予之不仁也！子生三年，然後免於父母之懷。夫三年之喪，天下之通喪也。予也有三年之愛於其父母乎？」
二十一	陽貨	第十七卷	子貢曰：「君子亦有惡乎？」子曰：「有惡，惡稱人之惡者，惡居下流而訕上者，惡勇而無禮者，惡果敢而窒者。」曰：「賜也亦有惡乎？」「惡徼以為知者，惡不孫以為勇者，惡訐以為直者。」
二十二	堯曰	第二十卷	孔子曰：「不知命，無以為君子也。不知禮，無以立也。不知言，無以知人也。」

二十三	鄉黨	第十卷	孔子於鄉黨，恂恂如也，似不能言者。其在宗廟朝廷，便便言，唯謹爾。朝與下大夫言，侃侃如也；與上大夫言，誾誾如也。君在，踧踖如也，與與如也。君召使擯，色勃如也，足躩如也。揖所與立，左右手。衣前後，襜如也。趨進，翼如也。賓退，必復命曰：「賓不顧矣。」入公門，鞠躬如也，如不容。立不中門，行不履閾。過位，色勃如也，足躩如也，其言似不足者。攝齊升堂，鞠躬如也，屏氣似不息者。出，降一等，逞顏色，怡怡如也。沒階趨進，翼如也。復其位，踧踖如也。執圭，鞠躬如也，如不勝。上如揖，下如授。勃如戰色，足蹜蹜，如有循。享禮，有容色。私覿，愉愉如也。
二十四	八佾	第三卷	子曰：「人而不仁，如禮何？人而不仁，如樂何？」
二十五	八佾	第三卷	林放問禮之本。子曰：「大哉問！禮，與其奢也，寧儉；喪，與其易也，寧戚。」
二十六	八佾	第三卷	子夏問曰：「『巧笑倩兮，美目盼兮，素以為絢兮。』何謂也？」子曰：「繪事後素。」曰：「禮後乎？」子曰：「起予者商也，始可與言《詩》已矣！」
二十七	八佾	第三卷	子曰：「夏禮，吾能言之，杞不足徵也；殷禮，吾能言之，宋不足徵也。文獻不足故也，足則吾能徵之矣。」

二十八	八佾	第三卷	子入太廟，每事問。或曰：「孰謂鄹人之子知禮乎？入太廟，每事問。」子聞之曰：「是禮也。」
二十九	八佾	第三卷	子貢欲去告朔之餼羊。子曰：「賜也，爾愛其羊，我愛其禮。」
三十	八佾	第三卷	子曰：「事君盡禮，人以為諂也。」
三十一	八佾	第三卷	定公問：「君使臣，臣事君，如之何？」孔子對曰：「君使臣以禮，臣事君以忠。」
三十二	八佾	第三卷	子曰：「管仲之器小哉！」或曰：「管仲儉乎？」曰：「管氏有三歸，官事不攝，焉得儉？」「然則管仲知禮乎？」曰：「邦君樹塞門，管氏亦樹塞門；邦君為兩君之好，有反坫，管氏亦有反坫。管氏而知禮，孰不知禮？」
三十三	八佾	第三卷	子曰：「居上不寬，為禮不敬，臨喪不哀，吾何以觀之哉？」
三十四	八佾	第三卷	子曰：「能以禮讓為國乎？何有！不能以禮讓為國，如禮何！」
三十五	泰伯	第八卷	子曰：「恭而無禮則勞，慎而無禮則葸，勇而無禮則亂，直而無禮則絞。君子篤於親，則民興於仁；故舊不遺，則民不偷。」
三十六	泰伯	第八卷	子曰：「興於《詩》，立於禮，成於樂。」
三十七	子罕	第九卷	子曰：「麻冕，禮也；今也純，儉。吾從眾。拜下，禮也；今拜乎上，泰也。雖違眾，吾從下。」
三十八	子罕	第九卷	顏淵喟然歎曰：「仰之彌高，鑽之彌堅，瞻之在前，忽焉在後！夫子循循然善誘人，博我以文，約我以禮。欲罷不能。既竭吾才，如有所立卓爾。雖欲從之，末由也已！」

三十九	子路	第十三卷	子路曰：「衛君待子而為政，子將奚先？」子曰：「必也正名乎！」子路曰：「有是哉，子之迂也！奚其正？」子曰：「野哉，由也！君子於其所不知，蓋闕如也。名不正，則言不順；言不順，則事不成；事不成，則禮樂不興；禮樂不興，則刑罰不中；刑罰不中，則民無所措手足。故君子名之必可言也，言之必可行也。君子於其言，無所苟而已矣！」
四十	子路	第十三卷	樊遲請學稼。子曰：「吾不如老農。」請學為圃。曰：「吾不如老圃」樊遲出。子曰：「小人哉，樊須也！上好禮，則民莫敢不敬；上好義，則民莫敢不服；上好信，則民莫敢不用情。夫如是，則四方之民襁負其子而至矣，焉用稼？」
四十一	季氏	第十六卷	孔子曰：「天下有道，則禮樂征伐自天子出；天下無道，則禮樂征伐自諸侯出。自諸侯出，蓋十世希不失矣；自大夫出，五世希不失矣；陪臣執國命，三世希不失矣。天下有道，則政不在大夫。天下有道，則庶人不議。」
四十二	季氏	第十六卷	孔子曰：「益者三樂，損者三樂：樂節禮樂，樂道人之善，樂多賢友，益矣；樂驕樂，樂佚遊，樂宴樂，損矣。」
四十三	季氏	第十六卷	陳亢問於伯魚曰：「子亦有異聞乎？」對曰：「未也。嘗獨立，鯉趨而過庭。曰：『學《詩》乎？』對曰：『未也。』『不學《詩》，無以言。』鯉退而學《詩》。他日，又獨立，鯉趨而過庭。曰：『學禮乎？』對曰：『未也。』『不學禮，無以立！』鯉退而學禮。聞斯二者。」陳亢退而喜曰：「問一得三：聞《詩》，聞禮，又聞君子之遠其子也。」

三、樂：共計〔十八〕筆。

項目	篇目	卷	原文內容
一	先進	第十一卷	子曰：「先進於禮樂，野人也；後進於禮樂，君子也。如用之，則吾從先進。」
二	先進	第十一卷	子路、曾晳、冉有、公西華侍坐。子曰：「以吾一日長乎爾，毋吾以也！居則曰：『不吾知也！』如或知爾，則何以哉？」子路率爾而對曰：「千乘之國，攝乎大國之間，加之以師旅，因之以饑饉，由也為之，比及三年，可使有勇，且知方也。」夫子哂之。「求，爾何如？」對曰：「方六七十，如五六十，求也為之，比及三年，可使足民；如其禮樂，以俟君子。」「赤，爾何如？」對曰：「非曰能之，願學焉！宗廟之事，如會同，端章甫，願為小相焉。」「點，爾何如？」鼓瑟希，鏗爾，舍瑟而作。對曰：「異乎三子者之撰！」子曰：「何傷乎？亦各言其志也。」曰：「莫春者，春服既成；冠者五六人，童子六七人，浴乎沂，風乎舞雩，詠而歸。」夫子喟然歎曰：「吾與點也。」三子者出，曾晳後。曾晳曰：「夫三子者之言何如？」子曰：「亦各言其志也已矣。」曰：「夫子何哂由也？」曰：「為國以禮，其言不讓，是故哂之。」「唯求則非邦也與？」「安見方六七十，如五六十，而非邦也者？」「唯赤則非邦也與？」「宗廟會同，非諸侯而何？赤也為之小，孰能為之大？」

三	述而	第七卷	子在齊聞〈韶〉，三月不知肉味。曰：「不圖為樂之至於斯也！」
四	憲問	第十四卷	子路問成人。子曰：「若臧武仲之知，公綽之不欲，卞莊子之勇，冉求之藝，文之以禮樂，亦可以為成人矣。」曰：「今之成人者何必然？見利思義，見危授命，久要不忘平生之言，亦可以為成人矣。」
五	衛靈公	第十五卷	顏淵問為邦。子曰：「行夏之時，乘殷之輅，服周之冕，樂則〈韶〉舞。放鄭聲，遠佞人。鄭聲淫，佞人殆。」
六	陽貨	第十七卷	子曰：「禮云禮云！玉帛云乎哉？樂云樂云！鐘鼓云乎哉？」
七	陽貨	第十七卷	子曰：「惡紫之奪朱也，惡鄭聲之亂雅樂也，惡利口之覆邦家者。」
八	陽貨	第十七卷	宰我問：「三年之喪，期已久矣。君子三年不為禮，禮必壞；三年不為樂，樂必崩。舊穀既沒，新穀既升，鑽燧改火，期可已矣。」子曰：「食夫稻，衣夫錦，於女安乎？」曰：「安。」「女安則為之！夫君子之居喪，食旨不甘，聞樂不樂，居處不安，故不為也。今女安，則為之！」宰我出。子曰：「予之不仁也！子生三年，然後免於父母之懷。夫三年之喪，天下之通喪也。予也有三年之愛於其父母乎？」
九	八佾	第三卷	子曰：「人而不仁，如禮何？人而不仁，如樂何？」
十	八佾	第三卷	子曰：「人而不仁，如禮何？人而不仁，如樂何？」
十一	八佾	第三卷	子曰：「〈關雎〉樂而不淫，哀而不傷。」

十二	八佾	第三卷	子語魯大師樂。曰：「樂其可知也：始作，翕如也；從之，純如也，皦如也，繹如也，以成。」
十三	泰伯	第八卷	子曰：「興於《詩》，立於禮，成於樂。」
十四	子罕	第九卷	子曰：「吾自衛反魯，然後樂正，雅、頌各得其所。」
十五	子路	第十三卷	子路曰：「衛君待子而為政，子將奚先？」子曰：「必也正名乎！」子路曰：「有是哉，子之迂也！奚其正？」子曰：「野哉，由也！君子於其所不知，蓋闕如也。名不正，則言不順；言不順，則事不成；事不成，則禮樂不興；禮樂不興，則刑罰不中；刑罰不中，則民無所措手足。故君子名之必可言也，言之必可行也。君子於其言，無所苟而已矣！」
十六	季氏	第十六卷	孔子曰：「天下有道，則禮樂征伐自天子出；天下無道，則禮樂征伐自諸侯出。自諸侯出，蓋十世希不失矣；自大夫出，五世希不失矣；陪臣執國命，三世希不失矣。天下有道，則政不在大夫。天下有道，則庶人不議。」
十七	季氏	第十六卷	孔子曰：「益者三樂，損者三樂：樂節禮樂，樂道人之善，樂多賢友，益矣；樂驕樂，樂佚遊，樂宴樂，損矣。」
十八	微子	第十八卷	齊人歸女樂，季桓子受之，三日不朝。孔子行。

參考書目（書籍部分）

一、古籍部份

《論語》（清）阮元校勘、《十三經注疏本》　臺北　藝文印書館　一九九三年九月十二刷
《孟子》（清）阮元校勘、《十三經注疏本》　臺北　藝文印書館　一九九三年九月十二刷
《禮記》（清）阮元校勘、《十三經注疏本》　臺北　藝文印書館　一九九三年九月十二刷
《荀子集解》楊倞注、王先謙集解、楊家駱主編　臺北　藝文印書館　一九七三年九月三版
《論語譯注》楊伯峻　臺北　源流出版社　一九八二年一〇月
《孟子譯注》楊伯峻　臺北　源流出版社　一九八三年九月
《廣解四書》朱熹集注、蔣伯潛廣解　臺北　東華書局　一九七〇年四月四版
《四書集註》朱熹　臺北　鵝湖出版社　一九九六年一〇月四版
《四書釋義》錢穆　臺北　學生書局　一九七八年七月再版
《經學通論》皮錫瑞　臺北　臺灣商務印書館　七八年臺五版
《禮記集解》孫希旦　臺北　蘭臺書局　六〇年五月初版
《東塾讀書記》陳澧、《四部備要》　臺灣　中華書局　一九六五年

《傳習錄》（明）王陽明、葉鈞點述　臺北　臺灣書務印書館　五六年四月一版
《孔子家語》王　肅（《四部叢刊》本）　臺北　臺灣商務印書館　出版年月不詳
《史記會注考證》（漢）・司馬遷撰、瀧川龜太郎注　台北　萬卷樓　一九九四年一月
《經典釋文》陸德明　臺北　鼎文書局　六一年九月初版
《經學通論》皮錫瑞　臺北　臺灣商務印書館　七八年臺五版
《增注經學歷史》（清）皮錫瑞著　臺北　藝文印書館　一九九六年八月
《十三經概論（上、下）》、夏傳才著　臺北　萬卷樓圖書公司　一九九六年六月
《十三經概論》蔣伯潛　臺北　中新書局　一九七七年四月
《易程傳・易本義》宋・程頤、朱熹撰　臺北　世界書局　一九八六年
《孟子本義》胡毓寰編著　臺北　正中書局　七一年九月臺五版
《老子探義》王淮注釋　臺北　臺灣商務印書館　六一年四月二版
《新譯四書讀本》謝冰瑩等同編譯　臺北　三民書局　七五年
《禮記今註今譯》王夢鷗　臺北　臺灣商務印書館　一九八四年一月
《尚書今註今譯》屈萬里註譯　臺北　臺灣商務印書館　六二年一二月五版
《荀子今註今譯》熊公哲註譯　臺北　臺灣商務印書館　七四年一一月　修訂二版

《新譯易經讀本》郭建勳注譯、黃俊郎校閱 臺北 三民書局 八五年一月初版一刷
《新譯莊子讀本》黃錦鋐註譯 臺北 三民書局 六三年一月初版
《新譯老子道德經》林安梧先生譯著 宜蘭 道教總廟三清宮 八九年一〇月初版

二、近人論著（依作者姓氏筆畫排序）

王邦雄、曾昭旭、楊祖漢《論語義理疏解》 臺北 鵝湖出版社 一九八三年一月
牟宗三《中國哲學十九講》 臺北 臺灣學生書局 一九八三年一〇月
牟宗三《中國哲學的特質》 臺北 臺灣學生書局 民國七三年
牟宗三《才性與玄理》 臺北 臺灣學生書局 一九八九年
牟宗三《心體與性體》 臺北 正中書局 一九八九年
牟宗三《中西哲學之會通十四講》、林清臣記錄 臺北 臺灣學生書局 一九九〇年
牟宗三《名家與荀子》 臺北 臺灣學生書局 一九九〇年
牟宗三《政道與治道》 臺北 臺灣學生書局 一九九一年
牟宗三、唐君毅等《寂莫的新儒家》 臺北鵝湖出版社 八一年八月初版
牟宗三《中國哲學的特質》 臺北 臺灣學生書局 一九九四年

牟宗三《人文講習錄》　臺灣學生書局　民國八四年八月
牟宗三《生命的學問》　臺北　三民書局　民國五九年九月
牟宗三《道德的理想主義》　臺北　臺灣學生書局　一九八五年
朱光潛《美學再出發》　臺北　丹青圖書公司　一九八七年
朱漢民、李弘祺《中國書院》　湖南教育出版社　二〇〇〇年一月
李明輝《儒家思想的現代詮釋》　臺北　中研院文哲所　民國八六年
李明輝《儒學與現代意識》〈儒學如何開出民主與科學〉臺北市　文津出版社　民國八〇年
李澤厚、劉綱紀主編《中國美學史》第一卷　臺北　漢京文化事業公司　一九八六年
杜維明《人性與自我修養》　臺北　聯經　民國八一年
吳　康《孔孟荀哲學》　臺北　商務印書館　一九八七年一〇月
貝塚茂樹著《孔子》專心企業有限公司、李君奭譯　一九七六年一〇月
林安梧先生《論語走向生活世界的儒學》　明文書局　民國八四年五月初版
林安梧先生《儒學革命論—後新儒學的革命向度》　臺灣學生書局　民國八七年
林安梧先生《儒學革命論》　臺灣學生書局　一九九八年一一月
初版
林安梧先生《臺灣文化治療—通識教育現象學引論》　黎明文化公　一九九九年二月出版

林安梧先生《教育哲學講論》 讀冊文化 二〇〇〇年九月初版

林安梧先生《中國宗教與意義治療》 明文書局 二〇〇一年七月再版

林安梧先生編著《兩岸哲學對話——廿一世紀中國哲學之未來》臺灣學生書局 二〇〇三年一二月

林素英《古代生命禮儀中的生死觀》 文津出版社 一九九七年八月初版

林義正《孔子學說探微》 東大圖書公司 一九八七年九月

林素玟《禮記人文美學探究》 文津出版社 二〇〇一年一〇月

周　何《古禮今談》 國文天地 一九九二年初版

周　何《禮學概論》 三民書局 一九九八年一月初版

周　何《說禮》 萬卷樓圖書公司 民國八七年九月初版

周群振《荀子思想研究》 文津出版社 一九八七年四月

胡　適《中國古代哲學史》 臺灣商務印書館 民國五九年四月臺一版

苗潤田《解構與傳承——孔子、儒學及其現代價值研究》濟南齊魯出版社 二〇〇二年三月

姚式川《論語體認》 東大圖書公司 民國八二年一一月

徐復觀《中國的人性論史》 中央書局 民國五二年四月

徐復觀《中國經學史的基礎》 臺北　臺灣學生書局 一九九六年

徐復觀《中國人性論史（先秦篇）》 臺北 臺灣商務印書館 一九六九年
徐復觀《中國藝術精神》 臺灣 學生書局 一九八一年
徐復觀《中國經學史的基礎》 臺北 臺灣學生書局 一九八二年五月
徐復觀《中國藝術精神》 臺北 臺灣學生書局 一九八四年
高仲華《禮學新探》香港中文大學聯合書院中文系 一九六三年一月
唐君毅《中國文化之精神價值》 正中書局 民國六六年一一月
唐君毅《文化意識與道德理性》 臺灣學生書局 民國七五年四月
唐君毅《中國哲學原論—導論篇》 臺灣學生書局 民國七五年九月
唐君毅《哲學概論》 臺北 臺灣學生書局 一九八五年
唐君毅《人文精神之重建》 臺北 臺灣學生書局 一九八八年
唐君毅《中國哲學原論原性篇》 臺北 臺灣學生書局 一九九一年
唐君毅《中國哲學原論原道篇》卷二 臺北 臺灣學生書局 一九九三年
唐君毅《人生之體驗續編》 臺北 臺灣學生書局 一九九六年
張蕙慧《儒家樂教思想研究》 文史哲出版社 一九八五年六月
張蕙慧《中國古代樂教思想論集》 臺北 文津出版社 一九九一年一月
秦家懿《王陽明》 東大圖書公司 民國七六年七月初版

陳大齊《論語臆解》　臺灣商務印書館　民國五七年三月初版
傅武光《孔孟老莊思想的平等精神》　文津出版　二〇〇〇年三月
曾昭旭《論語的人格世界》　漢光叢刊　一九八二年二月
曾昭旭《孔子和他的追隨者》漢光文化事業公司　一九九三年七月
曾昭旭《儒學傳統與現代生活—論儒學的文化面相》　臺灣商務印書館　二〇〇三年八月
曾昭旭《存在感與歷史感—論儒學的實踐面相》　臺灣商務印書館　二〇〇三年八月
勞思光《中國哲學史》　臺北　三民書局　民國七〇年
勞思光《新編中國哲學史》　臺北　三民書局　民國七〇年一月
勞思光《新編中國哲學史》　臺北　三民書局　一九八七年
勞思光《新編中國哲學史》　臺北　三民書局　一九九三年一〇月　增訂七版
褚斌杰等《儒家經典與中國文化》　湖北教育出版社　二〇〇〇年一月
楊伯峻等《經書淺談》　台北　國文天地雜誌社　一九八九年一〇月
楊伯峻《孟子譯注》　五南出版社　一九九二年一一月　初版
楊祖漢《當代儒學思辨錄》　臺北　鵝湖出版社　一九九八年

楊　華《先秦禮樂文化》　湖北教育出版社　一九九七年三月
熊十力《論六經》　臺北　明文書局　一九八八年三月
蔡仁厚《孔孟荀哲學》　臺北　臺灣學生書局　一九八四年
蔡仁厚《儒家思想的現代意義》　臺北　文津出版社　一九八七年
蔡仁厚《中國哲學史大綱》　臺北　臺灣學生書局　一九九九年
蔡仁厚《儒家思想的現代意義》　臺北　文津出版社　一九八七年
蔡仁厚《孔孟荀哲學》　臺北　臺灣學生書局　一九八八年
蔡仁厚《儒家心性之學論要》　臺北　文津出版社　一九九〇年
蔡仁厚《儒家的常與變》　臺北　東大圖書公司　一九九〇年
蔡仁厚撰述《宋明理學・南宋篇》　臺北　臺灣學生書局　一九九三年
蔡仁厚撰述《宋明理學・北宋篇》　臺北　臺灣學生書局　一九九五年
蔡仁厚《中國哲學史大綱》　臺北　臺灣學生書局　一九九五年
蔡仁厚〈儒家倫理基軸之省察〉《東海哲學研究集刊》第五輯　臺中　東海大學哲學系　一九九八年
蔡仁厚《孔子的生命境界──儒學的反思與開展》　臺北　臺灣學生書局　一九九八年
蔡仁厚《孔門弟子志行考述》　臺灣商務印書館　一九六九年

蔡仁厚《論語人物論》　臺灣商務印書館　一九六九年
蔡仁厚《哲學史與儒學論評：世紀之交的回顧與前瞻》　臺灣學生書局　七七年八月
蔡仁厚《孔孟荀哲學》　臺灣學生書局　一九九八年一二月
蔡仁厚《新儒家的精神方向》　臺灣學生書局　一九九九年八月
蔡仁厚《孔子的生命境界—儒學的反思與開展》　臺灣學生書局　二〇〇三年八月
駱承烈《孔學研究》　濟南齊魯出版社　二〇〇二年三月
劉述先《當代儒學論輯—挑戰與回應》　台北　中研院中國文哲所　民國八四年
錢　穆《先秦諸子繫年》　臺北　三民書局　一九八一年
錢　穆《先秦諸子繫年》　臺北　東大圖書公司　民國七九年九月再版
錢　穆《論語新解》　臺北　東大圖書公司　民國八〇年八月二版
錢　穆《論語要略》　臺灣商務印書館　一九六八年三月
龔道運《先秦儒家美學論集》　文史哲出版社　民國八二年二月
龔鵬程《儒學反思錄》　臺灣學生書局　二〇〇一年九月初版
教育部人文及社會學科教育指導員會主編《人文教育十二講》　臺北　三民書局　民國七六年七月

期刊論文（依作者姓氏筆畫排序）

王靜芝著〈孔子與六經中的樂〉　孔孟學報　第廿一期　一九七一年四月　頁一至一四
王開府著〈四書的智慧—《論語》論詩禮樂〉　國文天地　第十卷第四期　一九九四年
孔德成〈禮記成書時代及其在經典中之性質〉　臺北　孔孟月刊　第十八卷第十一期　民國六十九年七月
李正治〈孔子「以仁貫禮」型的禮樂思索〉　鵝湖月刊第二二卷第一期
李美燕〈孔、孟、荀三子對於「欲」的省察與對治之道〉　中正大學中文學術年刊　第三期　二〇〇〇年　九月
李哲賢〈荀子「禮義之統」思想之理論依據（上）〉　鵝湖月刊第二〇卷第七期　一九九五年一月
李哲賢〈荀子「禮義之統」思想之理論依據（下）〉下）》　鵝湖月刊　第二〇卷第八期　一九九五年　二月
李曰剛〈三禮研究論集〉　臺北　黎明　一九九一年　一月
李正治〈孔子「以仁貫禮」型的禮樂思索〉　鵝湖月刊　第廿二卷第一期一九九六年　七月　頁一七至二四

李宗薇著〈禮記樂記之義涵及對人格教育的啟示〉　國立台北師範學院學報　第十二期　年
一九九九　六月　頁三三至五四

林安梧先生〈儒家思想與成人教育—論孔子「仁教」哲學中的成人教育思想〉　鵝湖月刊第十九卷
第十期

林安梧先生〈由內聖到外王：以「社會公義」論為核心的儒學—後新儒學的新思考〉（民八八）第二
屆台灣儒學國際學術研討會論文集　台南　成功大學中文系

馬國瑤〈荀子禮學思想探索〉　北市師語文學刊　第一期　一九九四年　五月

范玉秋〈孔子的聖人觀初探〉　鵝湖月刊第二七卷第一一期

張靜如〈儒家政治哲學：從孔子到荀子〉中正嶺學術研究集刊　第一六期　一九九七年　十二月

張　亨〈荀子的禮法思想試論〉　臺大中文學報　一九八八年十一月

張銀樹著〈禮記・樂記〉音樂教育思想之探析與評論〉輔仁學誌—文學院之部
第廿六期　一九九七年六月　頁一至二五

陳德和〈孔子的創造性人文主義〉（民八八）　鵝湖月刊　二十五卷　三期

黃俊傑〈傳統中國的思維方式及其價值觀〉（民八八）　本土心理學研究　十一期

郭齊家〈儒家的教育思想傳統與未來教育〉　山西師大學報　一九九九年一〇月

華仲著〈周公孔子與六經〉　孔孟學報　第五十期　一九八五年九月　頁一至十一

鄔昆如　〈從禮記論儒家社會哲學思想〉　哲學與文化　一九八八年三月

楊祖漢　〈牟宗三先生對孔子的理解〉　鵝湖月刊　第二八卷第一〇期第三三四

楊秀宮　〈從「禮衍生法」的觀點論荀子禮法思想的特色〉　東海學報　第三九卷第一期　一九九八年　七月

楊秀宮　〈孔子與荀子「正名論」之比較〉　東海學報　第四〇卷第一期　一九九九年　七月

楊海文　〈先秦禮樂文明與孔孟道德理想主義〉　孔孟月刊　第卅七卷第二期　一九九八年　十月　頁九至十六

趙吉惠　〈論荀學與孔孟哲學的根本區別〉　哲學與文化　第二六卷第七期　一九九九七月

熊公哲　〈孟子仁義荀子禮義其辨如何〉（民五七）　孔孟學報　十六期

熊公哲　〈孔子與六經〉　中華學苑　第廿一期　一九七八年九月　頁一至十三

蔡明田　〈論孔子仁學中的正名思想〉（民七三）　孔孟學報　四八期

蔣忠益　〈論孔孟荀三儒的君主與臣民倫理關係〉　國立高雄海專學報　第十二期

劉真倫　〈論荀子禮論的道德屬性〉　孔孟月刊　第三四卷第四期　一九九五年　十二

劉述先　〈理一分殊的現代解釋〉《儒家思想與現代化》　中國廣播電視出版社　一九九二年

韓德民　〈論荀子的禮樂觀〉　中國文化月刊　第二二五期　一九九八年　十二月

潘重規　〈儒家禮學之精義〉　香港　人生半月刊　第二十二卷第二五六期　民國五十年七月一日

蘇嫈雰　〈荀子禮樂教育思想之研究〉　哲學與文化　第二九卷第七期　二〇〇二年　七月
龔建平　〈從儒家的宇宙觀看禮的內在根據〉　鵝湖月刊　一九九九年二月

學位論文（依年代排序）

一、碩士論文

吳清淋　《荀子禮分思想之研究》　台灣師範大學國文研究所　碩士論文　一九七五年
吳文璋　《荀子「樂論」在其思想上之重要性》師大　碩士論文　七四年二月
黑木澤夫　《儒家生活藝術之哲學—生命之造詣與人格形成》臺大　碩士論文　七八年五月
林啟屏　《孔孟文學關念中的道德反省及其意義》臺大　碩士論文　七九年五月
蔡朝益　《道德經所涵蘊的教育思想》師大　碩士論文　八〇年六月
涂艷秋　《荀子禮學研究》輔仁大學中國文學研究所　碩士論文　一九八一年
蕭淑芳　《孔孟荀禮思想研究》輔仁大學中國文學研究所　碩士論文　八二年
林玫伶　《孔子美育思想研究》國立臺灣師範大學教育研究所　碩士論文　八四年
孔炳奭　《孔子禮學研究》東吳大學中國文學系研究所　碩士論文　八六年

屠乃瑋《孔子理想國之研究》台大政研所　碩士論文　一九八六年
鄭貴和《荀子的禮治思想》台灣大學中國文學研究所　碩士論文　一九八八年
劉公展《先秦禮樂的依據》文化哲研　碩士論文　一九八九年
李宗定《先秦儒家政治理論研究》成大中研所　碩士論文　一九九八年
陳正忠《荀子禮治思想研究—儒家傳統命題創造性轉化之嘗試》
政治大學中山人文社會科學研究所　碩士論文　二〇〇一年
林慧貞《禮記教育思想研究》國立中央大學中國文學研究所　碩士論文　二〇〇三年六月

二、博士論文

李美燕《先秦兩漢樂教思想研究》臺北　台灣師範大學國文研究所博士論文　一九九三年六月
林文琪《禮記中的人觀》臺北　中國文化大學哲學研究所　博士論文　八七年十二月
楊受宮《先秦儒家禮法思想的演變與發展》東海大學哲學研究所　博士論文　一九九八年
林素玟《禮記人文美學研究》臺北師大國研所　博士論文　一九九八年
林文琪《禮記中的人觀》臺北　中國文化大學哲學研究所　博士論文　八七年十二月

國家圖書館出版品預行編目

道貫古今：孔子禮樂觀所蘊含之教育思想 / 謝淑熙著.
-- 一版. -- 臺北市：秀威資訊科技, 2005[民 94]
面； 公分. -- (語言文學類；PG0134)
參考書目：面
ISBN 978-986-7263-27-8(平裝)
1. (周)孔丘 - 學術思想 2. 禮俗 - 中國 -
先秦(公元前 2696-221)

121.23 94007062

語言文學類 PG0134

道貫古今—孔子禮樂觀所蘊含之教育思想

作　　者 / 謝淑熙
發 行 人 / 宋政坤
執行編輯 / 詹靚秋
圖文排版 / 莊芯媚
封面設計 / 莊芯媚
數位轉譯 / 徐真玉　沈裕閔
圖書銷售 / 林怡君
網路服務 / 徐國晉
法律顧問 / 毛國樑律師
出版印製 / 秀威資訊科技股份有限公司
台北市內湖區瑞光路 583 巷 25 號 1 樓
電話：02-2657-9211　傳真：02-2657-9106
E-mail：service@showwe.com.tw
經 銷 商 / 紅螞蟻圖書有限公司
台北市內湖區舊宗路二段 121 巷 28、32 號 4 樓
電話：02-2795-3656　傳真：02-2795-4100
http://www.e-redant.com

2005 年 5 月 BOD 一版
定價：280 元

讀　者　回　函　卡

感謝您購買本書，為提升服務品質，煩請填寫以下問卷，收到您的寶貴意見後，我們會仔細收藏記錄並回贈紀念品，謝謝！

1.您購買的書名：______________________________

2.您從何得知本書的消息？

☐網路書店　☐部落格　☐資料庫搜尋　☐書訊　☐電子報　☐書店

☐平面媒體　☐ 朋友推薦　☐網站推薦　☐其他__________

3.您對本書的評價：(請填代號　1.非常滿意 2.滿意 3.尚可 4.再改進)

封面設計____　版面編排____　內容____　文/譯筆____　價格____

4.讀完書後您覺得：

☐很有收獲　☐有收獲　☐收獲不多　☐沒收獲

5.您會推薦本書給朋友嗎？

☐會　☐不會，為什麼？____

6.其他寶貴的意見：____

____

____

____

讀者基本資料

姓名：____________________　年齡：______　性別：☐女　☐男

聯絡電話：________________　E-mail：____________________

地址：____

學歷：☐高中(含)以下　☐高中　☐專科學校　☐大學

☐研究所(含)以上　☐其他______________

職業：☐製造業　☐金融業　☐資訊業　☐軍警　☐傳播業　☐自由業

☐服務業　☐公務員　☐教職　☐學生　☐其他__________

請貼
郵票

To：114

台北市內湖區瑞光路 583 巷 25 號 1 樓

秀威資訊科技股份有限公司　　　收

寄件人姓名：

寄件人地址：□□□

(請沿線對摺寄回,謝謝!)